C.H.BECK ◼ WISSEN

in der Beck'schen Reihe
2037

W0040653

Was ist Sucht, wann ist man süchtig, wie lebt man damit, wie wird man eine Sucht wieder los? Dieses Buch informiert kurz und knapp über die körperlichen, seelischen und sozialen Grundlagen von Sucht, stellt in einem „Kleinen Drogenlexikon" die wichtigsten legalen und illegalen Suchtstoffe zusammen, erläutert die physischen, psychischen und sozialen Folgen bei Dauergebrauch, skizziert die Möglichkeiten von Therapie und Prävention und plädiert für eine pragmatische, weniger ideologische Drogenpolitik.

Professor Dr. med. *Dieter Ladewig,* Experte für Suchtforschung, leitet den Suchtbereich (Psychiatrie III) an der Psychiatrischen Universitätsklinik Basel.

Dieter Ladewig

SUCHT UND SUCHTKRANKHEITEN

Verlag C.H. Beck

Für Antje und
Ariane, Ines, Isabelle
in Dankbarkeit

Eine Freude vertreibt hundert Sorgen

Die Deutsche Bibliothek – CIP-Einheitsaufnahme

Ladewig, Dieter:
Sucht und Suchtkrankheiten / Dieter Ladewig. – Orig.-
Ausg. – München : Beck, 1996
    (Beck'sche Reihe ; 2037 : C. H. Beck Wissen)
    ISBN 3 406 40337 9
NE: GT

Originalausgabe
ISBN 3 406 40337 9

Umschlagentwurf von Uwe Göbel, München
© C. H. Beck'sche Verlagsbuchhandlung (Oscar Beck), München 1996
Gesamtherstellung: C. H. Beck'sche Buchdruckerei, Nördlingen
Gedruckt auf säurefreiem, alterungsbeständigem Papier
(hergestellt aus chlorfrei gebleichtem Zellstoff)
Printed in Germany

Inhalt

I. Nüchternes zur Sucht

Das Phänomen der Abhängigkeiten ist nicht neu. Es hat eine Geschichte. Dies gilt für ganze Kulturen wie für den einzelnen Menschen. Seine Biographie berichtet über die Entwicklung zur Abhängigkeit, über die Auseinandersetzung mit ihr, über das Herauswachsen oder das Erliegen; Geschichten, die nicht selten derjenigen eines Hiob gleichen. Dieses Buch soll Mut machen: Süchtiges Verhalten ist erlernbar, aber auch verlernbar.

Nüchtern sein ist eine Qualität, die nicht einfach gegeben ist. In Zusammenhang mit der Erhaltung eines guten Gesundheitszustandes, auf der Suche nach einem realistischen, in sich kohärenten Selbstbild, verbunden mit Lebensstrategien wie geübter Toleranz und demokratischem Handeln macht Nüchternheit Sinn. Wir sollten in unseren alltäglichen Vorhaben und Bewertungen – sei es als Helfende, als Forscher, als Eltern, als Politiker – mehr Farbe bekennen, expliziter uns äußern zu grundsätzlichen Fragen der Lebensperspektive. Nicht nur die Forderung nach Abstinenz, sondern die Frage, was sich der Betroffene – oder was sich eine Gesellschaft – vom Leben verspricht, an welchen Leitlinien Orientierungen stattfinden, ermöglicht Planung und Durchsetzung konkreter Gesundheitsförderung und machbarer Schritte abstinenzorientierter Therapie. Diese Haltung impliziert auch die Wahrung einer aktiven Toleranz gegenüber Menschen, die über Zeitabschnitte ihres Lebens Stoffe benützen, die die Funktion eines Hilfsmittels, eines Genußmittels oder eines Heilmittels haben können.

Das in der gesellschaftspolitischen Wahrnehmung oft Neuartige des Drogenproblems verursacht seine Brisanz. Das Ausmaß der vermeintlichen Hilflosigkeit bedingt dabei die Gefahr einer Polarisierung von Indolenz bis hin zu militanten Überzeugungsversuchen. Drogenkrieg und Milliardengeschäft, Ausbeutung und Elend signalisieren die gefährliche Seite dieses Dilemmas, Dialog und Meinungswechsel die konstruktive Seite desselben. Dieses Buch möge zum Dialog anregen.

Es ist eine nüchterne Feststellung, daß jemand, der illegale Drogen konsumieren will, sich diese ohne weiteres beschaffen kann. Wie gehen wir mit dieser Tatsache um? Die Medien bringen fast täglich Beispiele. Wer ist nicht schon selber Zeuge irgendeines Ereignisses geworden, das eigene Emotionen in Gang setzte? Die Situation der Suchtszene, und hierzu gehören der schädliche Gebrauch von Drogen ebenso wie der übermäßige Genuß alkoholischer Getränke oder der gesundheitsgefährdende Gebrauch von Medikamenten, erfordert Sachlichkeit, d.h. die Bereitschaft zur Auseinandersetzung mit den Fakten. Darüber hinaus braucht es Ideen, vielleicht sogar Visionen. Wir haben gelernt, daß es für oder gegen das Drogenproblem keine dauerhaft gültigen Lösungen gibt. Das erfordert Pragmatismus, z.B. daß Hilfe jederzeit und ohne Vorbedingung möglich sein sollte, ebenso wie die Vorstellung, daß dieses „System", das Angebot und Nachfrage – sei es von Drogen oder von Therapien – regelt, stetig zu hinterfragen ist. Die Frage, ob wir mit oder ohne Betäubungsmittelgesetze überleben, ist spekulativ. Was aber bereits heute und morgen nötig scheint, ist das Bemühen, Drogen so unattraktiv wie möglich zu machen.

II. Geschichtliche Aspekte

1. Drogen und Kultur

Drogen sind seit Jahrtausenden Bestandteil menschlicher Kultur. Der Gebrauch von Pilzen und anderen psychoaktiven Pflanzen oder die Entdeckung der Herstellung berauschender Getränke haben vielfältige Funktionen von Drogen im Zusammenleben der Menschen ermöglicht. Besonders in den schamanistischen Kulturen lagen Rausch- und Heilanwendung entsprechender Drogen nahe beieinander. Alkoholische Getränke dienten eher der Funktion als Genuß- und Rauschmittel, während Zubereitungen des Opiums häufiger als Heilmittel Verwendung fanden. Eine nicht unwesentliche Bedeutung bezüglich einer Abhängigkeitsentwicklung kommt der Konzentration des Wirkstoffs zu. So wurde mit der Verbreitung des Branntweins im 15./16. Jahrhundert und mit der Möglichkeit der parenteralen Applikation von Morphin eine eigentliche Sucht möglich.

Eine Ethnologie der Sucht gibt es nicht. Es gibt Hinweise, daß Pflanzen und Pilze mit halluzinogener Wirkung, alkoholische Getränke sowie Opium- oder Cannabisderivate seit Jahrtausenden Benützung fanden. Das, was uns heute als Sucht begegnet, entstand vorwiegend in der Neuzeit, d.h. in der Zeit des 15./16. Jahrhunderts, verstärkt während der Industrialisierung im 19. Jahrhundert und nochmals akzentuiert im Anschluß an den 2. Weltkrieg.

Das Vorkommen von Pflanzen mit psychoaktiven Wirkstoffen ist an *klimatische Voraussetzungen* gebunden. Bestimmte Pflanzen waren eine Art „Kulturfolge" des Menschen. Während die frühesten Verbreitungsmuster der Pflanzen mit den Wanderbewegungen bestimmter Vögel und Säugetiere zu tun hatten, wurden später bestimmte Pflanzen oder deren Samen durch den Menschen mitgeführt. So nimmt man an, daß die schamanistischen mittel- und südamerikanischen Drogenkulturen auf ostasiatische Jäger- und Sammlervölker zurückgehen, die über die Beringstraße in den Kontinent Amerika einwanderten.

Es scheint, daß der Gebrauch von Pflanzen und jener von alkoholischen Gärprodukten immer dann keinen Anlaß zu Konflikten gab, wenn die Anwendung dieser Substanz *im tradierten Rahmen sozio-kultureller Normen* erfolgte. Konflikte entstehen, wenn ein drogenkonsumierendes Individuum durch abweichendes Konsumieren oder durch ein von der Norm abweichendes Reagieren den anderen auffällt. Dabei können verschiedene Mentalitäten aufeinander stoßen.

Einem Beispiel dafür begegnen wir bei der Infiltration Mittelamerikas durch die Spanier. Mit der Eroberung setzte unter anderem auch der Versuch einer Christianisierung ein. Dabei fällt auf, daß in den überlieferten Berichten einiger Missionare in zum Teil dramatischer Weise auf die Gefahren der verschiedenen tradierten Pilzkulte hingewiesen wird.

Die mit der *Inquisition* in Europa aufkommenden Hexenprozesse zeigten ein ähnliches Phänomen. Auch hier wurde durch den Hinweis auf die – übrigens umstrittene – Verwendung halluzinogener Stoffe durch Hexen (Fliegenpilz, Bilsenkraut, Stechapfel u.a. in Form sogenannter Hexensalben) das Anderssein als abartig qualifiziert.

Derartige Mentalitätskonflikte konnten mit erheblichen *wirtschaftlichen Folgen* verbunden sein. So sehr Kaffee und Tabak als Wirkstoffe bald nach ihrer Einführung in Europa wegen ihrer anregenden Wirkung geschätzt wurden, so sehr wurden sie wegen allfälliger Folgen, die von Schwächung des Willens bis zur Förderung von Opposition reichen sollten, abgelehnt. Sowohl der englische wie der französische als auch der preußische Hof des 17. Jahrhunderts standen insbesondere dem Tabak ablehnend gegenüber. Sie besetzten Einfuhr, Handel und Konsum, als Sanktion, mit hohen Steuern. Dies hatte nicht einen Rückgang, sondern einen stetig zunehmenden Handel zur Folge, der seinerseits bedingte, daß alle drei Höfe aus diesen Steuern wesentliche Finanzierungsquellen, unter anderem auch für ihre Kriegsführung, erhielten.

Es ist nicht ganz von der Hand zu weisen, daß Substanzen dann, wenn sie das *Stigma* des Gefährlichen und Verbotenen erhalten, attraktiv werden. Dies gilt offensichtlich besonders für den Menschen der Neuzeit, der nicht nur Schuldgefühle hat, weil er etwas nicht wieder tun will, sondern auch paradoxerweise Schuldgefühle braucht, damit er wiederholt etwas tun kann, was er nicht tun sollte. Schuldgefühle scheinen etwa das Reaktionsmuster des Menschen in der Neuzeit auf das Zuvieltrinken, auf den Alkoholrausch, zu sein. Im Mittelalter, in dem wesentlich ungenierter gegessen, getrunken und geliebt wurde, traten eher Schamgefühle auf.

Wenn man ins Altertum zurückgeht, fällt auf, daß es einen spezifischen Umgang mit Drogen gab. Quellen aus dieser Zeit zeigen z.B., daß, was die Bewertung betrifft, die Einnahme von Drogen nicht nur als Genußmittel, sondern sogar als *Suizidmittel* bekannt war und teilweise auch toleriert wurde. In Griechenland und Rom haben nicht nur die Prasser, die ihr Vermögen durchgebracht hatten, zum Giftbecher gegriffen. Bei schweren körperlichen Leiden, Lebensüberdruß und Altersbeschwerden wurden Gifte als Suizidmittel toleriert. In Massiglia, dem heutigen Marseille, einer ionischen Kolonie, die nach ionischen Gesetzen lebte und im Altertum wegen ihrer guten Verwaltung hoch in Ehren stand, wurde Schierlingsgift staatlich aufbewahrt.

In den verschiedenen Kulturen unterschiedlich ausgeprägt, kam Drogen auch eine *spirituelle Bedeutung* zu. Angesprochen ist das Bedürfnis nach Veränderung des Bewußtseinszustandes, nach Ekstase und Rausch. Zusammen mit Traum, Trance, Meditation und Hypnose zählen Rausch und Ekstase zu den veränderten Bewußtseinszuständen. Dieser Begriff enthält eine Prämisse, die in der kulturellen Tradition Europas nicht selbstverständlich ist. Wenn auch diese Formen des Erlebens als Zustände des Bewußtseins gewertet werden, dann gewinnen sie damit einen Status von Wirklichkeit, der ihnen andernfalls versagt bleibt. Im Begriff der Sonderzustände des Bewußtseins steckt die Anerkennung der Tatsache, daß Bewußtsein nicht ausschließlich eine Ich-Leistung darstellt und die Wirklichkeit von Erfahrungen nicht ausschließlich nach diesem Anteil gemessen werden kann. Die neuropsychologische und neurobiologische Erforschung von halluzinogenen

Drogen ist heute bei weitem nicht abgeschlossen. Halluzinogene Drogen wurden und werden zwar immer wieder mißbraucht; ihre ausführliche Behandlung in einem Buch über „Sucht" ist aber insofern nicht am Platze, als ihr „Abhängigkeitspotential" klein ist.

Die Benützung halluzinogener Drogen fand sich vor allem im Zusammenhang mit *rituellen Gebräuchen,* vorzugsweise bei schamanistischen Kulturen in Sibirien, Ostasien, Mittel- und Südamerika. Ein Beispiel dafür sind Initiationsriten, die zumeist den stufenweisen Übergang von einem Bewußtseinszustand in einen anderen begleiteten. Der Weg innerhalb dieses Ritus ist durch vielerlei Vorkehrungen charakterisiert, die als Orakel, Opfer und Reinigungsriten die Funktion der Tabuisierung haben. Die Rituale der Meditation, Askese oder der wochenlangen Isolierung, ohne Drogeneinnahme, die als solche zu einer Veränderung des Bewußtseinszustandes führen, sind Bestandteil vieler Religionen.

Unter den psychoaktiven Stoffen sind neben den halluzinogen wirkenden Pilzen vor allem alkoholische Getränke, das Opium, der Cocastrauch zu nennen. Im folgenden soll daher auf diese drei wichtigen Stoffgruppen eingegangen werden.

2. Aus der Geschichte der Suchtmittel

Alkoholische Getränke

Wahrscheinlich kamen die ersten Rebsorten aus dem afghanischen Hochland über Mesopotamien zunächst nach Ägypten und später nach Griechenland. In Ägypten hatten die Könige der 1.–3. Dynastie (3000–2635 v. Chr.) schon ihre eigenen Weingüter zur Versorgung ihrer Familien und Haushalte. Außerdem gab es Bier. Ägypten war reich an Getreide, produzierte dieses im Überfluß, so daß es meistens ausreichende Mengen gab, um auch die Arbeiter mit Bier versorgen zu können, während Wein schon von den frühesten Zeiten an als ein besonderes Getränk galt und den Vornehmen vorbehalten war. Maßvoller Genuß von Bier oder Wein wurde sowohl in

Ägypten wie in Mesopotamien toleriert oder sogar positiv bewertet, während der Alkoholrausch als unpassend empfunden wurde. Anhaltspunkte für die Existenz von Alkoholsucht und deren Bewertung gibt es kaum.

Wenn das Alte Testament die Idee der Fruchtbarkeit berührt, bedient es sich der Metapher des Weinberges: „Deine Gattin wird wie ein fruchtbarer Weinberg sein", oder „Deine Mutter ähnelt einer fruchtbaren und laubreichen Rebe". In Mesopotamien begegnet Gilgamesch neben einem wunderbaren Baum der Wächterin der Unsterblichkeit, einem göttlichen Mädchen, einer sogenannten Sabitu, der Weinfrau. Auf sumerisch bedeutet „Tin" Leben und sich Betrinken, und „Geshtin" Lebensbaum und Wein.

Die christliche Ikonographie entwickelte die Vorstellung, daß Adam und Eva ihre Nacktheit unter einem Rebenblatt versteckten, während die Genesis vom Feigenbaumblatt spricht. Wein steht auch für die Versuchung durch die Schlange. Später hat der biblische Wein die Funktion der Weihe, der Initiation: Da ist der Wein Noahs nach der Sintflut, der Wein Christi nach der Buße des Johannes und der Wein des Abendmahls und ewigen Gastmahls, das den Auserwählten nach dem Ende der Zeiten versprochen ist.

Die ursprüngliche Weiblichkeit des Weinberges taucht imaginär wieder in den Bildern des Christus und des heiligen Geistes auf. Wie Dionysos, der am wenigsten mannhafte Gott unter den griechischen Göttern, kann Christus diese Symbolisierung des Weines nur erfüllen, wenn er sich verweiblicht. Er besetzt den Platz der ursprünglichen Göttin-Mutter, indem er zum Weinberg wird: „Ich bin der wahrhaftige Weinberg". Er bezieht seine Jünger in ein Verhältnis der Zusammengehörigkeit ein, in einen gleichen Körper, dessen Muster natürlich das mütterliche Muster ist. „Derjenige, der mein Blut trinkt, wohnt in mir und ich in ihm." Der Genuß des Weines erhält hier eine mythologische Bedeutung, in der letztlich der Wunsch nach einer allumfassenden Ewigkeit deutlich wird, wo das Ende mit dem Beginn übereinstimmt, der Sohn mit der Mutter, der Tod mit der Geburt.

Vom griechischen Alkoholkonsum haben wir detaillierte, wenn auch widersprüchliche Kenntnis. Neben der ekstatisch-dionysischen Haltung steht jene, die das Apollinisch-Maßvolle betont. Beide Haltungen haben kultische Ursprünge.

Das Trinkverhalten der Römer orientierte sich zunächst an jenem der Griechen, übertraf dieses jedoch vor allem in der Zeit der allmählichen Auflösung des Reiches an Unmäßigkeit. Getrunken wurde oft bis zur Besinnungslosigkeit, die geradezu das Ziel des Rausches gewesen zu sein scheint, so daß Cicero einmal ein Bankett mit der Schlacht von Cannae verglich.

Die Angewohnheit, sich mit einer Flamingofeder zum Übergeben zu reizen, um weiter trinken und essen zu können, zeugt von einer Zivilisation, deren Affektverfassung solche Äußerungen der Körperlichkeit nicht mit Ekel besetzt, wie dies später geschieht. Charakteristisch waren Massenanlässe, zu denen Spiele gehörten; die bei solchen Anlässen auftretenden Massenverzückungen dienten als funktionalisierte Ekstasen und waren ein Mittel, das Volk bei Stimmung zu halten respektive zu regieren.

Gleichzeitig ist bekannt, daß das klassische griechisch-römische Schrifttum angefüllt ist mit Kritik gegenüber Trinkexzessen und voller Lob für die Tugend der Mäßigkeit. Hinweise in der Literatur lassen auf das Vorkommen chronischer Trunksucht schließen. Geisteskrankheit, Verbrechen und Armut werden mit der Trunksucht in Verbindung gebracht. Es fällt auf, daß in Rom eine Gesetzgebung gegen das übermäßige Trinken fehlt. Der Grund war möglicherweise der, daß Wein gewöhnlich nur verdünnt genossen wurde; Trunkenheit war hauptsächlich auf Feste und Feiern beschränkt und chronische Trunksucht fast ausschließlich in den oberen Schichten anzutreffen.

Beim Menschen des Mittelalters hatten alle Geschehnisse im Leben schärfer umrissene Formen als in unserer Zeit. Zwischen Leid und Freude, zwischen Unheil und Glück schien der Abstand größer als heute; alles, was man erlebte, hatte, wenn die Quellen nicht trügen, noch einen höheren Grad von Unmittelbarkeit und Ausschließlichkeit. Affektverhalten und Persönlichkeit sind gewissermaßen noch nicht individualisiert; das Lebensgefühl umfaßte eine größere Spannbreite. Die relativ geringe Affektkontrolle, die dem Individuum auferlegt war, bewirkte eine ebenfalls geringere Rauschkontrolle. Insgesamt läßt sich im Mittelalter eine Einstellung zur Trunkenheit annehmen, die ungezwungen und von Hemmungen nicht belastet den Rausch schätzt und um seiner selbst willen sucht.

Der Rausch ist im Mittelalter noch ein selbstverständlicher Bewußtseinszustand. Das ändert sich mit dem 15./16. Jahrhundert. Diese Zeit ist als Wendepunkt von Verhaltensweisen und Wertstrukturen beschrieben worden. Die Scham-Kultur wird von der Schuld-Kultur abgelöst. Die Welt ist nüchterner geworden. Dementsprechend werden Versuche unternommen, mäßiges, d.h. also beherrschtes Trinken zu fördern: eine Rationalisierung des Trinkverhaltens durchzusetzen, das den Exzeß meidet und den Rausch zu kontrollieren sucht. Um 1600 wurden die ersten Mäßigkeitsvereine gegründet.

Charakteristisch für den im 16. und 17. Jahrhundert einsetzenden Kampf gegen den Alkoholismus, der von Theologen, Juristen, Humanisten und anderen geführt wurde, ist eine Äußerung Luthers in seiner Auslegung des 101. Psalms von 1534: „Es muß ein jeglich Land seinen eigenen Teufel haben, unser Deutscher Teufel ist: Ein guter Weinschlauch sein und muss Sauf heissen, dass er so dürstig und hellig ist, dass mit so grossem Saufen Weins und Biers nicht kann gekühlet werden. Und wird solch ewiger Durst und Deutschlands Plage bleiben . . . bis an den jüngsten Tag."

Die „Haupt-Zechperiode" Deutschlands ging offenbar von der Mitte des 17. Jahrhunderts an zurück. Hierbei ist der 30jährige Krieg von Bedeutung, der nicht nur zu einer Entvölkerung weiter Landschaften, sondern auch zu einem Zusammenbruch von Weinbaukulturen führte. Der Einfluß einer höfischen, französisch geprägten Kultur und eine charakteristische Art der Selbstbeherrschung und Kontrolle der Affekte durch die Vernunft bildeten eine neue Orientierung.

Mit der im 19. Jahrhundert stärker einsetzenden Industrialisierung, der Verschärfung von Klassenkonflikten in der zweiten Hälfte des 19. Jahrhunderts, dem wachsenden Angebot vor allem von Branntwein, stellte sich eine neue Dimension des Alkoholproblems dar. Die Trunksucht der Arbeiter wurde zum Politikum. In vielen Fabriken wurde den Arbeitern während des 12- bis 15stündigen Arbeitstages kostenlos Schnaps geboten, damit sie die Arbeitsleistung überhaupt durchhielten. Zudem waren die Arbeitslöhne extrem niedrig.

Die Verabreichung von Schmerztabletten an Frauen in der Uhrenindustrie, bei denen im Zusammenhang mit den stundenlangen feinmechanischen Arbeiten häufig Kopfschmerzen auftraten, ist ein Phänomen, das sich bis in die 50er Jahre dieses Jahrhunderts weiterverfolgen läßt.

Daneben gab es bereits im ausgehenden 19. Jahrhundert auch Stimmen, die den Alkoholismus in allen Schichten der Gesellschaft und in allen Berufskreisen, in den ökonomisch entwickelten und den ökonomisch zurückgebliebenen Ländern, bei Reichen und Armen fanden. Diese Auffassung setzte sich vor allem in den USA durch, wo das suchtbildende Potential des Alkohols erkannt wurde, das auch mehr oder weniger unabhängig von der Persönlichkeit des Konsumenten seine Wirkung entfalten kann. Dies führte in den USA zu einer starken Verbreitung der Mäßigkeitsbewegung, die in die Alkoholprohibition mündete, die wiederum die Bedeutung gerade ökonomischer Faktoren bei der Suchtentstehung deutlich machte.

Opium

Der kultische wie auch profane Gebrauch von Cannabis und Opium geht auf China zurück; ebenfalls früh belegt ist er in Indien, Persien und Afrika, wo Opium wahrscheinlich durch arabische Händler verbreitet wurde. Opium findet sich – bedingt durch die klimatischen Verhältnisse – bis in die neuere Zeit praktisch ausschließlich in asiatischen Ländern, Indochina, Persien und dem Vorderen Orient. Mit dem Opiumkrieg zwischen England und China und dem Kolonialismus in Indochina und Indonesien fand eine stärkere Ausbreitung während des 19. Jahrhunderts statt. Gleichzeitig kam der koloniale Medikamentenhandel hinzu, nachdem Morphin durch den deutschen Apotheker Serthürner entdeckt und 1850 die Injektionsspritze erfunden wurde. Die deutsche Firma E. Merck in Darmstadt begann 1827 mit der Massenproduktion von Morphium, die Firma Bayer in Elberfeld 1858 mit der von Diazetylmorphium unter dem Namen Heroin. 1862 wurde ebenfalls durch die Firma Merck mit der Massenproduktion von Kokain begonnen.

Es gibt auf der Welt wohl kein anderes pflanzliches Produkt, das zugleich so viel Segen und Unheil gestiftet hat wie das Opium. Gewinnungsweise und Umgang mit Opium sind durch chinesische, indische, assyrische, altägyptische und altgriechische Bild- und Textquellen belegt. Der römische Dichter Ovid verlegte den Wohnsitz von Morpheus, dem Sohn des Schlafgottes Hypnos, an die Pforte der Unterwelt, in deren Umgebung Mohnblumen ihre üppige Pracht entfalteten. Opium wurde schon früh im Mittelmeerraum gegen verschiedenste Krankheiten, so gegen Durchfall, Magenkrämpfe, gegen Husten und Gelenkschmerzen eingesetzt. Die heilende Wirkung des Opiums wurde über die Herbeiführung des Schlafes und die Schmerzbefreiung erklärt. Dabei profitierte die europäische Schulmedizin – wie damals üblich – von arabischen und persischen Autoren, die an der Nahtstelle zwischen Orient und Okzident lebten und älteres asiatisches Gedanken- und Erfahrungsgut kritisch sichteten.

Offenbar hat der integrierte Konsum von Roh-Opium durch Rauchen oder auch als Bestandteil von Speisen in verschiedenen Regionen, in denen Opium natürlicherweise vorkommt, nur selten zu erheblicher oder endemischer Verbreitung einer Sucht geführt.

Bereits im 19., aber auch im 20. Jahrhundert haben europäische Künstler, insbesondere Literaten, versucht, durch den Genuß von Drogen, vorzugsweise Opium, später auch Morphium, Heroin, Kokain und vor allem Alkohol, ihre Gedankenwelt und Kreativität zu beeinflussen. Dies gilt insbesondere für Dichter der Romantik und des Surrealismus, Novalis in Deutschland, de Quincey, Coleridge, Keats in England, Baudelaire, Gautier und andere in Frankreich. De Quincey untersuchte nicht nur die Droge in ihrer Wirkung auf seine eigene Psyche. Kulturkritisch und scharfsinnig ging er auch mit der progressiven Entwicklung von Technik und Industrie ins Gericht: „Es liegt auf der Hand, daß diese rapide Fortschrittsgeschwindigkeit gebremst werden muß, was zu hoffen, nicht zu erwarten ist ... Sich selbst überlassen, wird die innere Tendenz dieser chaotischen Entwicklung zum Verhängnis führen: zum Wahnsinn ... Der Sinn für Größe und Schönheit, den jeder in sich trägt, wird abgestumpft von dieser ewigen Hetzjagd ... Um sich ins Meditative zurückzuwenden, muß man sich von der Menge absondern ... Unter der intensiven Anspannung der sozialen Instinkte leidet keine unserer Fähigkeiten so wie unser Traumvermögen ...“ Und an anderer Stelle heißt es: „Den Leser wird vielleicht überraschen, was ich vor einigen Jahren auf der Durchreise in Manchester von mehreren Baumwollfabrikanten hörte, nämlich, daß sich ihre Arbeiter mit erstaunlicher Schnelligkeit das Opiumessen angewöhnten, so daß jeden Samstagnachmittag die Apotheker ihre Ladentische mit Pillen zu 1, 2 oder 3 Gran spickten, um für die am Abend einsetzende Nachfrage gerüstet zu sein. Die unmittelbare Ursache dieser Angewohnheit seien die niedrigen Arbeitslöhne, die es dem Arbeiter nicht erlaubten, sich mit Bier oder Spirituosen zu betäuben, und es sei zu erwarten, daß das Laster mit steigenden Löhnen wieder verschwinde.“

An anderer Stelle wird die eigene Erfahrung beschrieben: „Nicht um Lust zu schaffen, sondern um Schmerzen schlimmster Art zu lindern, begann ich, Opium als Mittel der täglichen Diät zu nehmen. In meinem 28. Lebensjahr befiel mich ein überaus schmerzhaftes Magenleiden, das ich zum ersten Mal zehn Jahre zuvor gespürt hatte, mit großer Heftigkeit. Dieses Leiden war durch äußerste Hungergrade hervorgerufen worden, die ich als Knabe zu überstehen hatte. In Zeiten der

Hoffnung und überströmenden Glücks, nämlich von meinem 18. bis zu meinem 24. Lebensjahr, schlummerte es. In den drei folgenden Jahren lebte es in Abständen wieder auf, und dann griff es mich unter allerlei widrigen Umständen, von Depressionen begleitet, mit einer Gewalt an, die durch kein anderes Mittel als durch Opium zu brechen war. ... Nun konnte man für einen Penny die Glückseligkeit kaufen und in der Westentasche bei sich tragen. Verzückungen waren transportabel geworden und ließen sich in kleinen Flaschen verkorken, und Seelenfrieden konnte die Post nun in ganzen Gallonen verschicken. Doch wenn ich so rede, wird der Leser glauben, ich lachte dabei; ich kann ihm indessen versichern, daß niemand viel lachen wird, der sich mit dem Opium einläßt; seine Freuden sind nämlich von ernster und feierlicher Art. ... Der Opiumesser fühlt den göttlicheren Teil seines Wesens emporsteigen; das heißt, seine moralischen Gefühle verharren in einem Zustande wolkenloser Heiterkeit, und über allem glänzt das große Licht des erhabenen Geistes. Das ist die Lehre der wahren Kirche vom Opium, deren einziger Anhänger ich selber bin – ihr Alpha und Omega ... Manchmal spreche ich in der Gegenwart, manchmal in der Vergangenheit ... Ich vermochte mich nicht zu zwingen, die ganze Last der Schrecknisse, die mein Hirn bedrückte, wieder heraufzurufen und in eine regelrechte Erzählung zu bringen. Daher bitte ich, dieses Gefühl als Entschuldigung gelten zu lassen und teils dem Umstand, daß ich in London nun ein armes hilfloses Wesen bin, das ohne Beistand nicht einmal eigene Papiere in Ordnung bringen kann, und von den lieben Händen, die sonst gewohnt waren, ihm Famulus-Dienste zu leisten, weit entfernt ist. Mein Schreiben ist eigentlich nichts anderes als ein lautes Denken, bei dem ich mich nach Laune gehen lasse, ohne mich viel darum zu kümmern, wer mir zuhört."

Zu den Versuchen, die Dosis auszuschleichen: „Ich wende mich jetzt an die, die das Opium kennen und frage sie, ob nicht auch sie stets fanden, daß man bis zu einem bestimmten Grade die Gaben leicht und durchaus verringern kann, daß aber unterhalb dieses Grades jede weitere Verringerung furchtbare Qualen bereitet . . . Sie bestehen in einer nicht zu beschreibenden Verstimmung des Magens, in furchtbaren Schweißausbrüchen und allerlei anderen Empfindungen, die ich auf diesem beschränkten Raum nicht darzustellen wage . . . Veränderungen meiner Träume waren von abgründiger Angst und düsterer Schwermut begleitet, die sich mit Worten nicht schildern lassen. Nacht für Nacht schien ich in Schlünde und sonnenlose Abgründe zu versinken . . . Die Empfindungen des Raumes und der Zeit waren beide mächtig erregt. Der Raum schwoll an und nahm eine unaussprechlich weite Ausdehnung an. Dies aber beunruhigte mich nicht so sehr wie die ungeheure Ausdehnung der Zeit . . . Die unbedeutendsten Ereignisse in meiner Kindheit oder längst vergessene Szenen aus späteren Jahren tauchten oft wieder zu neuem Leben auf . . . Ich war gezwungen, unter Krokodilen zu leben, und auch dies sollte, wie so vieles in meinen Träumen, Jahrhunderte dauern."

Kokain

Die zweite Hälfte des 19. Jahrhunderts war die Zeit naturwissenschaftlicher Entdeckungen und einer parallel laufenden Industrialisierung. Zu den naturwissenschaftlichen Entdeckungen gehörte auch jene der Kokainwirkung, die unbekannt blieb, bis Sigmund Freud und der Chirurg Koller die Bedeutung des Kokains für die Lokalanästhesie entdeckten. 1884 unternahm Freud zum ersten Mal Selbstversuche mit der Droge Kokain, wobei er die für ihn wichtige Kokaineuphorie erlebte; 1885 erschien seine viel beachtete Kokain-Monographie. Der Freud-Biograph Ernest Jones bemerkt dazu: „Er schickte Martha (seiner Braut) kleine Dosen, um sie stark und kräftig zu machen, drängte Kokain seinen Freunden und Kollegen für sie selber und für ihre Patienten auf und gab es seinen Schwestern. Kurz, vom Standpunkt unseres heutigen Wissens aus gesehen, war er auf dem besten Wege, gemeingefährlich zu werden." Und weiter: „Was nun Freud an der Kokapflanze fesselte, war offensichtlich ihr Ruf, sie steigere die körperliche und geistige Leistungsfähigkeit. Nun steigert Kokain die körperliche Leistungsfähigkeit nur dann, wenn sie vorher herabgesetzt worden ist; ein wirklich normaler Mensch braucht keinen Stimulus, aber Freud gehörte nicht zu diesen Glücklichen." Seit Jahren litt er unter periodischen Verstimmungen und unter Müdigkeit oder Apathie, Symptomen, von denen er sich erst durch seine Selbstanalyse befreite. So schrieb er seiner Braut: „Wenn Du unartig bist, wirst Du sehen, wer stärker ist, ein kleines sanftes Mädchen, das nicht ißt, oder ein großer wilder Mann, der Kokain im Leib hat. In meiner letzten schweren Verstimmung habe ich wieder Kokain genommen und mich mit einer Kleinigkeit wunderbar auf die Höhe gehoben. Ich bin eben beschäftigt, für das Loblied auf dieses Zaubermittel Literatur zu sammeln." Freud experimentierte vor allem mit sich selbst, „weil keines der mir zur Verfügung stehenden Individuen eine so gleichmäßige Reaktion gegen Kokain aufwies." Diese gleichmäßige Reaktion bestätigt Freuds Ich-Stärke und erklärt, warum er nicht abhängig geworden ist.

Der Pariser Aufenthalt im Jahre 1885, der Freud nicht nur die Begegnung mit Charcots hypnotischen Demonstrationen ermöglichte, sondern ihn zum „Entwurf einer Psychologie" stimulierte, war für ihn wegen der fremden Umgebung eine belastende Zeit, die nahezu unerträgliche Gefühle von Verlassenheit, Einsamkeit und Trennungsangst in ihm hervorgerufen hat. Kokain war in dieser Zeit das Mittel, das ihm dazu verhalf, seine depressiven Zustände aufhellen zu lassen. Gleichzeitig haben ihn die Kokainwirkung und die Distanz zu seiner Braut mehrfach zu sehr persönlichen Äußerungen und Einblicken in sein Seelenleben stimuliert. Als Freud 1895 von seinem Freund Fließ, der ihn wegen einer Nasenaffektion behandelte, Kokaintropfen erhielt, fällt in die gleiche Zeit der für die Traumanalyse und für Freuds weitere Entwicklung wichtige Traum von „Irmas Injektion". Freud hat nach dem ersten enthusiastischen Propagieren sehr bald selbst die Schattenseiten der Droge Kokain erlebt, dies vor allem an seinem älteren Freund Ernst Fleischl, den er mit Kokain von dessen

Morphinsucht zu befreien versucht hatte und bei dem er erlebte, wie der Betreffende sehr bald kokainsüchtig wurde, bis er 1891 qualvoll starb. Es steht außer Frage, daß Freud nie kokainabhängig war. Der Umgang mit dem Psychopharmakon Kokain weist bei ihm aber charakteristische Merkmale des Umgangs mit einer Droge auf: die Suche nach neuen Wirkungen im Experiment, die Faszination mit Idealisierung und Ablehnung, die Erfahrung der schmerzstillenden medizinischen und der „psychotropen", z.B. depressionsaufhellenden, angstlösenden und eventuell sexuell stimulierenden Wirkung der Substanz.

3. Industrialisierung

Seit dem ausgehenden 19. Jahrhundert und akzentuiert durch die beiden Weltkriege kam es in den Industrieländern zu teilweise irreversiblen Veränderungen, welche der Familie und den Institutionen eine Neudefinition der Rolle der Frau und des Mannes, der Beziehung der Geschlechter zueinander aufdrängten. Die Industrialisierung bedingte eine stärkere Trennung von Privatem und Öffentlichem, von Wohnen und Arbeit, in gewisser Weise von Selbstbestimmtem und von Fremdbestimmtem. Durch die Rationalisierung und Mechanisierung der Hausarbeit, die industrielle Zubereitung und Konservierung von Nahrungsmitteln, das Einkaufen in Supermärkten, das Leben in einer Konsumlandschaft mit hohen Lebensstandards, wurde vieles erleichtert, aber ebenso vieles der Kreativität beraubt. Die Pflege von chronisch Kranken und Alten wurde zunehmend an staatliche Institutionen delegiert, und damit insbesondere die Frau von einer Aufgabe entbunden, welche zuvor fast nahtlos das Aufziehen der Kinder abgelöst hatte. Mit der Industrialisierung, das heißt mit der Lohnarbeit, wurden die Kinder zu einer finanziellen Belastung der Familien, während sie zuvor sozusagen als Reichtum der Familie zur Sicherung des Alters beigetragen hatten. Parallel zur Entwicklung der Wohlstandsgesellschaft verbreitete sich der Wunsch nach Reduzierung der Kinderzahl. Mit der Pille und der offiziellen oder inoffiziellen Liberalisierung des Schwangerschaftsabbruches wurde es der Frau erstmals möglich, über die Nachwuchsfrage selbst zu bestimmen und damit Mutterschaft und Hausfrauenlos nicht mehr nur schicksalhaft hinzunehmen.

Diese Veränderungen haben ein neues Selbstverständnis des Menschen ermöglicht, neue Freiheiten, aber auch neue Abhängigkeiten geschaffen. Rollenunsicherheit, ein hohes gleichzeitiges Maß an beruflicher Beanspruchung und auszufüllender Freizeit stellen unterschiedliche Anforderungen an den einzelnen. Der Widerspruch, in dem sich der einzelne zwischen enormen Freiräumen und einer zunehmend engermaschig werdenden Rechtsordnung befindet, schränkt Freiräume wiederum ein. Die empfundene Sinnentleerung und das Fehlen der Partizipation an Entscheidungsprozessen sind Faktoren, die Passivität und Stimulationssuche bedingen. Diese Diskrepanz verursacht eine erhöhte Streßanfälligkeit, die sich in einer Zunahme von sogenannten psychosomatischen Störungen, Erschöpfungszuständen, Depressionen und süchtigem Verhalten zeigt.

In der Gegenwart muß gefragt werden, welche Funktion nicht nur den Substanzen, sondern den Süchtigen in einer Gesellschaft von Konsumenten und Abstinenten bzw. Nicht-Süchtigen zukommt. In den letzten 200 Jahren wurden Definitionen gewohnheitsmäßigen Trinkens im Zuge der zunehmenden gedanklichen Auseinandersetzung mit Geisteskrankheit und Devianz formuliert. Es wurde ein medizinisches Modell der Geisteskrankheit formuliert, es wurden Anstalten geschaffen und Behandlungen möglich. Therapie war im 19. Jahrhundert moralische Behandlung, vom Geisteskranken wurde Selbstbeherrschung erwartet. Die Anstalt war der Ort, an dem der Betreffende die Kraft zur Selbstdisziplin wiederfinden sollte. Der „Verrückte", der „Süchtige" waren Menschen, die die Kontrolle über ihr Verhalten verloren hatten. Die Vorstellung von Sucht als Phänomen krankhaften Kontrollverlustes war nicht nur dem Alkoholiker oder dem Opiatsüchtigen plausibel, der sich selbst als Individuum mit über-

wältigendem Verlangen verstand, das nicht unter Kontrolle zu
halten war, sondern auch für Frauen und Männer zugänglich,
die ständig darum kämpften, ihr vielfältiges Begehren in
Schach zu halten. Der Süchtige wurde so auch zum Mahnmal
aller potentiellen Verfehlungen der Trieb-, Gefühls- und
Wertwelt.

4. Nachkriegszeit bis zur Gegenwart

Der Morphinismus mit seinen Ausläufern in den Mißbrauch
auch anderer Opiate hatte in den Jahren nach dem
1. Weltkrieg seinen Gipfelpunkt erreicht. Im Krieg hatte man
die Gefahren der Opiatverabreichungen an Verwundete nicht
bedacht, freigebig Opiate verteilt und stand nach dem Krieg
einer großen Zahl opiatabhängiger Kriegsversehrter gegenüber, von denen Kontakte in weitere Kreise ausgingen. Wie
nach dem 1. Weltkrieg zeigte sich auch nach dem 2. Weltkrieg ein Rückgang der unmittelbar nach 1945 vorübergehend angestiegenen Ziffern. Neben Kriegsversehrten waren
Ärzte und Krankenschwestern betroffen. Die Zahl der abhängigen Ärzte blieb allerdings auch nach dem 2. Weltkrieg
zunächst relativ groß, sie machte 1956 noch 14% aller Betäu-
bungsmittelabhängigen in der Bundesrepublik Deutschland
aus. Bemerkenswert groß war auch die Zahl der opiatabhängigen Arztehefrauen. Wenn man zu den Opiatabhängigkeiten
noch den Anteil der Arzneimittelabhängigkeiten (Schlafmittel,
Stimulantien, Schmerz- und Beruhigungsmittel) dazunahm,
waren 20% der Medikamentenabhängigen Ärzte und weitere
10% Angehörige anderer Heilberufe, insbesondere Krankenschwestern. Die Ausbreitung dieser Abhängigkeiten kam entscheidend durch die Beschaffungsmöglichkeiten zustande.
Interessant ist festzuhalten, daß unter Apothekern, die bekanntlich streng kontrolliert werden können, weniger Medi-
kamenten- und Opioidabhängigkeiten zur Beobachtung kamen. Die Verheimlichung der Problematik führte – mit
Ausnahme jener Patienten, die durch Schmerzsyndrome in
eine Abhängigkeitsentwicklung hineingeglitten waren – zu

einer Chronifizierung und dadurch zu schweren Folgestörungen.

Neben der Gefährdung durch die Griffnähe von abhängigkeitserzeugenden Medikamenten ist der Arztberuf bis heute besonderen Belastungen und Risiken ausgesetzt. Die Komplexität der Aufgabe, auf ganz unterschiedliche Erwartungen und Bedürfnisse im engeren Umfeld des Arbeitsplatzes, in der Familie, im berufspolitischen Umfeld und in der Öffentlichkeit als „Einzelperson" zu reagieren, ist groß. Das Hintanstellen persönlicher Bedürfnisse, fehlende Aussprachemöglichkeiten oder auch ungenügendes Sich-Ernst-Nehmen in Zeiten reduzierter Leistungsfähigkeit und Krankheitsanfälligkeit bedingen das Risiko ungenügender oder verspäteter Interventionen. Das Suchtverhalten bei Ärzten hat sich heute gegenüber der Zeit z.B. der 1950er Jahre wesentlich verringert, dies insbesondere bezüglich des Rauchens und der Opiatabhängigkeiten. Der mit der Zigarette in der Hand über das Lungenkarzinom dozierende Pathologe ist zur Anekdote geworden. Die Vielfalt von Belastungen und Streßanfälligkeiten, die sich weniger in quantitativer als vielmehr in qualitativer Art äußern, bedingt heute das Risiko des Gebrauchs von Beruhigungs- und Schlafmitteln, nicht selten in Kombination mit alkoholischen Getränken.

Nach den Blumenkindern der 60er Jahre, der Suche nach Bewußtseinserweiterung, dem Protest gegen das Establishment hat sich in den 80er Jahren ein Neo-Konservativismus etabliert. Dazu gehört auch eine Anti-Drogenmentalität eines beträchtlichen Prozentsatzes der Bevölkerung, namentlich bei Jugendlichen und Heranwachsenden. Nationalismus, Ausländerfeindlichkeit und Distanz gegenüber Randgruppen sind Strömungen, die in der Gegenwart erste Auswüchse zeigen. Das immer stärker beachtete Problem der Gewalt überschattet heute die Suchtthematik. Auch die Auseinandersetzung mit den Gesetzmäßigkeiten der Prohibition und Anti-Prohibition gehört zum Zeitgeist Schließlich sind Gruppierungen und Strömungen zu erwähnen, die wieder an die späten 1950er und die frühen 1960er Jahre erinnern. Empathie, Gefühl von

Frieden, Heilung, All-Einheit bis hin zur Ekstase sind Erfahrungen, die durch Substanzen, die amphetamin- oder halluzinogenartig wirken, gefördert werden sollen. Die Verbesserung der Kommunikationsfähigkeit und des zwischenmenschlichen Kontaktes sind u.a. Effekte, die nach Einnahme z.B. von „Ecstasy", dem Amphetaminderivat Methylen-Dioxy-Methyl-Amphetamin (MDMA) suggeriert werden. Entsprechende Idealisierungen und Heilsbotschaften aus früherer Zeit sind nicht unbekannt.

5. Geschichtliches zur Gesetzgebung

Daten zur Geschichte der Betäubungsmittelgesetzgebung, die unsere Situation beleuchten, reichen bis ins 18. Jahrhundert zurück. Stichwortartig lesen sie sich wie folgt:

1773 Englische Kaufleute schmuggeln die erste Ladung indischen Opiums nach China. Ab 1780 beginnt die britische East India Company ihre Opiumproduktion in Indien auszuweiten und erzielt hohe Gewinne durch den Rauchopiumexport nach China. Opium wird zu einem wichtigen Finanzierungsinstrument im britischen Kolonialhandel.

1839–42 Erster Opiumkrieg. Auf einen Versuch der chinesischen Regierung, das Opiumrauchen einzuschränken und den für England lukrativen Opiumhandel zu unterbinden, reagiert London mit einer militärischen Intervention; das besiegte China muß wichtige Häfen für den Handelsverkehr mit Europa öffnen.

1856–60 Zweiter Opiumkrieg. England erzwingt die Legalisierung und Besteuerung von Opium in China. In Europa und in den USA gewinnt eine (mittelständisch dominierte) Anti-Opium-Bewegung an Einfluß. Zunehmend wird das Opiumproblem in seiner ganzen Dimension wahrgenommen.

1875 In San Francisco wird die erste Strafnorm der westlichen Welt gegen Opium erlassen. Sie richtet sich gegen das Opiumrauchen der chinesischen Arbeitsimmigranten, in denen man nach Beendigung der großen transkontinentalen Eisenbahnbauten eine unwillkommene Konkurrenz sieht. In den USA nimmt das sozial-psychologisch wirksame Feindbild einer „gelben Gefahr" Konturen an. 1887 und 1909 (Opium Exclusion Act) verbieten weitere Gesetze den Chinesen die Einfuhr von Opium.

1895 Die britische Royal Commission on Opium Study bereist den ganzen Fernen Osten und kommt zum Schluß, das Opiumproblem sei dort nicht schwerwiegender als das Alkoholproblem in England; eine grundsätzliche Änderung der bisherigen Opiumpolitik dränge sich deshalb nicht auf.

1905 Eine amerikanische Opiumkommission, die ebenfalls ganz Südostasien bereist, kommt im Gegensatz zu ihrer englischen Vorläuferin zu alarmierenden Diagnosen.

1909 Auf Initiative der USA versammelt sich in Schanghai die Internationale Opiumkommission; diese verabschiedet neun Forderungen, die auf eine Kontrolle und Einschränkung des Handels mit Opium abzielen.

1911/12 Im niederländischen Haag beginnt auf Anregung der USA unter dem Präsidium von Bischof Brent die erste Opiumkonferenz, die das Fundament für die Drogenprohibitionspolitik des 20. Jahrhunderts legt. Am 23. Januar 1912 verabschieden 13 Teilnehmerstaaten das Internationale Opium-Abkommen (IOA) von Haag, das eine „allmähliche Unterdrückung des Mißbrauchs von Opium, Morphin, Kokain sowie solcher Verarbeitungen und Derivate dieser Stoffe, welche zu ähnlichen Mißbräuchen Anlaß geben können", beabsichtigt. Das IOA enthält kein materielles Recht, sondern lediglich Empfehlungen. Es stellt indessen den Auftakt zum „symbolischen Kreuzzug" gegen die Drogen dar. 1913 und 1914 finden zwei weitere Opiumkonferenzen in Haag statt.

1914 In den USA verbietet die Harrison Narcotic Act den freien Verkauf von Opiaten und Kokain.

1920 Aufgrund von Artikel 295 des Versailler Friedensvertrages und ähnlicher Bestimmungen in den Verträgen von St. Germain, Trianon und Neuilly ratifizieren weitere 13 Staaten das IOA.

1920 Die zweite und später die dritte Völkerbundsversammlung arbeiten Aktionspläne zur Verwirklichung der Zielsetzungen des Haager Abkommens aus. Der Drogengebrauch wird in die Illegalität abgedrängt, der Handel von kriminellen Syndikaten und vom organisierten Verbrechen übernommen.

1924/25 Im Rahmen des Völkerbundes finden in Genf zwei Opiumkonferenzen statt. Auf Vorschlag Englands, das bestrebt ist, die Aufmerksamkeit von den kolonialen Opiumproblemen auf die Alkaloidproduktion in den Industrieländern (vor allem in Deutschland und in der Schweiz) hinzulenken, werden parallel zwei Konferenzen abgehalten, von denen sich eine mit China, die andere primär mit Europa befaßt. Die USA machen den Vorschlag, die Herstellung und ärztliche Anwendung von Heroin überhaupt zu verbieten, dringen jedoch gegen die französischen und englischen Arzte, die im Heroin ein unabkömmliches Analgetikum sehen, nicht durch. Produktion und Export von Heroin werden jedoch einer strikten Kontrolle unterstellt, und immer mehr Länder ahmen das prinzipielle Heroinverbot der USA nach. Erstmals wird die Kontrolle von Betäubungsmitteln auf Cannabis ausgedehnt.

1929 Schaffung des Permanent Central Opium Board (später Permanent Central Narcotic Board).

1931 Die Limitation Convention definiert den Begriff „Betäubungsmittel" umfassender. Die legale Weltproduktion von Heroin geht stark zurück.

1930 In den USA wird Cannabis als „Mörderkraut" und „Killerdroge" verfemt; 1937 unterzeichnet Roosevelt die Marihuana Tax Act.

1961 Die Single Convention (Einheitsabkommen) on Narcotic Drugs vom 30. März stellt das für die gegenwärtige rechtliche Diskussion der Drogenpolitik maßgebende und wichtigste Abkommen dar. Die Staaten, die diesen Vertrag abgeschlossen haben, verpflichten sich, Gewinnung, Herstellung, Ein- und Ausfuhr sowie Verteilung, Verwendung und Besitz von Suchtstoffen einer umfassenden Kontrolle zu unterwerfen und Verstöße gegen die Bestimmungen des Abkommens „vorbehaltlich ihrer Verfassungsordnung" zu sanktionieren.

1963 Die WHO ersetzt den Begriff der Toxikomanie durch jenen der (physischen und psychischen) Drogenabhängigkeit.

1968 und folgende Jahre. Die 68er Bewegung verbindet Gesellschaftskritik mit einem Kulturkampf gegen das Establishment; Halluzinogene, allgemein bewußtseinserweiternde „Erfahrungsdrogen", spielen eine wichtige Rolle für den subkulturellen *Underground* und ermöglichen neue individuelle und kollektive Selbstdefinitionen. Seit den 70er Jahren bilden sich Drogenszenen heraus, die unter dem polizeilichen Repressionsdruck zunehmend verelenden.

1971 Die Convention on Psychotropic Substances unterzieht psychotrope Substanzen einer rechtlichen Regelung analog zum Einheitsabkommen von 1961. US-Präsident Nixon erklärt das Rauschgift zum „Staatsfeind Nr. 1".

1972 Zusatzprotokoll zur Single Convention von 1961, in dem verschiedene Bestimmungen verschärft werden.

1975 Im Gleichschritt mit einer Intensivierung des „Krieges gegen die Drogen" in den Industrieländern weitet sich ein vom organisierten Verbrechen kontrollierter Anbau in den drei wichtigsten Produktionsregionen (Goldenes Dreieck, Goldener Halbmond, Lateinamerika) massiv aus. Die Drogenmärkte erreichen Ende der 80er Jahre ein Umsatzvolumen von 200–500 Mrd. Dollar.

1988 Das Wiener Abkommen gegen den illegalen Handel mit Betäubungsmitteln sieht vor, auch den Handel mit und die Finanzierung von Drogen stärker zu kriminalisieren und zu kontrollieren.

1990 Erklärung von Cartagena (Kolumbien). Da sich das Scheitern militärischer Drogenbekämpfungsstrategien in Drittweltländern abzeichnet, streben die USA die Unterstützung der Regierungen von Bolivien, Peru und Kolumbien für den *War on Drugs* an; die entsprechenden Bestrebungen werden 1992 mit der „Erklärung von San Antonio" (Texas) fortgesetzt.

III. Abhängigkeiten – Inhalt und Definitionen

1. Was versteht man unter „Abhängigkeit"?

Ein entscheidendes Charakteristikum der Abhängigkeit ist der oft starke, gelegentlich übermächtige Wunsch oder das unstillbare Verlangen, Substanzen oder Medikamente, Alkohol oder Tabak zu konsumieren. *Jeder Trieb* oder *jedes Interesse* eines Menschen kann süchtige Dimensionen annehmen. So kennen wir z.B. die sexuellen Süchte, die Eßsucht, die Spielsucht u.a. Bei allen diesen Süchten besteht ein unwiderstehliches Verlangen nach – wenigstens scheinbarer – Überwindung der dem Individuum in der sozialen Realität gesetzten Schranken mit Hilfe von Mitteln oder Handlungen, die dem Lustgewinn, der Unlustverminderung, der Verminderung sozialer Distanz, der Steigerung des Selbstwerterlebens und/oder der Leistungssteigerung dienen. Bei den Abhängigkeiten im engeren Sinne handelt es sich um eine Gruppe körperlicher, sozialer und kognitiver Phänomene, bei denen der Konsum einer Substanz oder einer Substanzklasse für die betreffende Person Vorrang hat gegenüber anderen Verhaltensweisen, die von ihm früher höher bewertet wurden. Abhängigkeiten von einer Substanz sind ein *Zustand psychischer oder psychischer und physischer Abhängigkeit* von einer Substanz mit zentralnervöser Wirkung, die zeitweise oder fortgesetzt eingenommen wird. Die psychische Abhängigkeit äußert sich in dem starken Wunsch oder in einer Art Zwang, Substanzen oder Alkohol zu konsumieren. Der Substanzgebrauch mit dem Ziel, Entzugssymptome zu mildern, und der entsprechenden positiven Erfahrung, sowie das Auftreten eines Entzugssyndroms gehören zur körperlichen Abhängigkeit. Viele Abhängige weisen eine verminderte Kontrollfähigkeit bezüglich des Beginns, der Beendigung und der Menge des Substanz- oder Alkoholkonsums auf. Bei einigen Substanzen erfolgt die Entwicklung einer *Toleranz*. Um die ursprünglich durch niedrigere Dosen erreichten Wirkungen der Substanz hervorzurufen, sind zunehmend höhere Dosen erforderlich.

Beispiele hierfür sind die Tagesdosen von Alkohol- oder von Opiatabhängigen, die Konsumenten ohne Toleranzentwicklung schwer beeinträchtigen oder für sie sogar tödlich sind. Zur Abhängigkeit gehören Veränderungen der Verhaltensmuster im Umgang mit Alkohol oder anderen psychoaktiven Substanzen. Hierzu zählt z.B. die Tendenz, Alkohol nicht nur an Wochenenden, sondern auch an Werktagen zu trinken und die Regeln eines gesellschaftlich üblichen Trinkverhaltens außer acht zu lassen. Das eingeengte Verhaltensmuster kann eine fortschreitende Vernachlässigung anderer Interessen zugunsten des Substanzkonsums mit sich bringen. Trotz wiederholter Hinweise auf die eindeutig schädlichen Folgen des Substanzgebrauches, so im körperlichen Bereich z.B. bei einer Leberschädigung oder im sozialen Bereich z.B. bei Arbeitsplatzverlust oder im psychischen Bereich z.B. im Zusammenhang mit der Entwicklung depressiver Zustände, werden Substanzen weiter konsumiert.

Abhängigkeiten entwickeln sich in *zeitlich* unterschiedlichen Dimensionen, d.h., wir haben ein Spektrum von wenigen Monaten bis zu vielen Jahren vor uns. Abzugrenzen von der Abhängigkeit ist der einfache Konsum.

Ein nicht unbeträchtlicher Teil der Konsumenten – und dies gilt für alle Drogen – sistiert den Gebrauch nach wenigen oder sporadisch wiederholten Konsumerfahrungen, so daß sich keine Abhängigkeit entwickelt.

Vom normalen Gebrauch ist der *schädliche* Gebrauch abzugrenzen, der dann vorliegt, wenn ein Konsumverhalten zu einer Gesundheitsschädigung führt. Hierzu gehört z.B. eine körperliche Schädigung etwa in Form einer Hepatitis durch Selbstinjektion von Substanzen oder in Form einer psychischen Störung, z.B. einer depressiven Episode durch massiven Alkoholkonsum. Eine besondere Form des schädlichen Gebrauches ist die akute Intoxikation. Die Vergiftungszeichen sind meistens für eine bestimmte Substanz typisch. Neben den typischen Folgen gibt es Ausnahmen: z.B. können dämpfende Substanzen wie Barbiturate Wachheit und Überaktivität hervorrufen und Stimulantien paradoxerweise zu sozialem Rückzug führen. Bei

Cannabis und bei den Halluzinogenen können die Wirkungen besonders unvorhersehbar sein. Bei vielen Substanzen hängt die unterschiedliche Wirkung von der aufgenommenen Menge ab: so entfaltet z.B. Alkohol bei niederer Dosierung eine anregende Wirkung, bei höherer Dosierung kommt es zur Dämpfung (Schlaf), selten auch zu Erregung und u.U. zu Aggressivität und bei sehr hohen Blutspiegeln zu Lähmung und Tod.

Bei absolutem oder relativem Entzug einer Substanz, die wiederholt oder zumindest über längere Zeit in hoher Dosierung konsumiert wurde, treten *Entzugssymptome* auf. Beginn und Verlauf sind zeitlich begrenzt und abhängig von der Substanz und der Dosis, die unmittelbar vor dem Absetzen verwendet wurde. Das Entzugsgeschehen kann durch Krampfanfälle kompliziert werden. Einige Symptome (Angst, Verstimmungen), die im Substanzentzug auftreten, können auch unabhängig vom Entzugsgeschehen durch psychische Störungen, wie z.B. durch Angsterkrankungen und depressive Störungen, hervorgerufen werden.

Bestimmte Substanzen können *psychotische* Zustandsbilder hervorrufen. Dies gilt insbesondere für Psychostimulantien (Kokain, Amphetamin), die sogenannte Intoxikationspsychosen verursachen, oder für Beruhigungs- und Schlafmittel (Barbiturate, Benzodiazepine) in Form von sogenannten Entzugspychosen. Derartige substanzinduzierte psychotische Störungen dauern zumeist nur kurze Zeit und sind einer schizophrenen Psychose sehr ähnlich. Bei einer durch Substanzgebrauch herbeigeführten psychotischen Störung können Halluzinationen (Wahnwahrnehmungen), Personenverkennungen und Beziehungsideen (häufig im Sinne einer Verfolgung) auftreten. Es kann zu psychomotorischen Störungen wie Erregung oder starken Affekten, die von intensiver Angst bis zur Ekstase reichen, kommen.

2. Disposition zur Sucht und Persönlichkeitsstörungen

Es gibt Menschen, die eine bestimmte *Disposition* für eine Suchterkrankung mitbringen. Nicht eine spezifische Suchtpersönlichkeit ist Voraussetzung für eine derartige Fehlentwicklung, sondern Eigenart und Ausmaß von ganz unterschiedlichen Persönlichkeitsmerkmalen bedingen, daß psychoaktive Substanzen eine Funktion erhalten, aus der sich eine Abhängigkeit entwickeln kann. Dies gilt insbesondere für Menschen mit einer Unausgeglichenheit in den Einstellungen und im Verhalten, speziell im Gefühlsbereich, im Antrieb, in der Impulskontrolle, in der Wahrnehmung und im Denken sowie in den Beziehungen zu anderen Menschen. Diese Störungen beginnen häufig in der Kindheit oder Jugend und manifestieren sich auf Dauer im Erwachsenenalter. Sie führen zu Einschränkungen der beruflichen und sozialen Leistungsfähigkeit. Dies bedeutet nicht, daß nicht auch von ihrer Persönlichkeit her ganz gesunde Menschen von Drogen resp. vom Alkohol abhängig werden können. Welche Persönlichkeitsauffälligkeiten lassen sich etwa beobachten?

Menschen mit *Mißtrauen*, mit übertriebener Empfindsamkeit auf Zurückweisung und Zurücksetzung, die nachtragend bei Kränkungen oder Verletzungen reagieren oder eine Neigung haben, Erlebtes zu verdrehen, indem neutrale oder freundliche Haltungen als feindlich mißdeutet werden, mit Neigung zu Eifersucht oder der Tendenz zu überhöhtem Selbstwertgefühl in Verbindung mit ständiger Selbstbezogenheit waren in Zusammenhang mit der Entwicklung von Drogenideologien, Sektengründungen oder bei Einzelgängern zu beobachten. Für sie selbst kann die Drogenwirkung eine Schutzfunktion ausüben, sie wirkt wie eine Mauer gegen die Verletzbarkeit der Betroffenen. Die Bedeutung ihres Apologetentums ist bekannt.

Das Unvermögen zum Erleben von Freude (Anhedonie), *seelische Kühle* oder sogar *Kälte* mit übermäßiger Vorliebe für Phantasie und in sich gekehrte Zurückhaltung und einer Neigung zu exzentrischem Verhalten bedingt unter Umständen eine Stimulussuche und findet sich gelegentlich bei Benützern von Halluzinogenen oder Kokain oder auch bei Alkoholkonsumenten.

Verantwortungslosigkeit, *Mißachtung sozialer Normen*,

Regeln und Verpflichtungen, geringe Frustrationstoleranz und niedrige Schwelle für aggressives, auch gewalttätiges Verhalten, eine geringe Fähigkeit zum Erleben von Schuldbewußtsein, die Neigung, andere zu beschuldigen oder vordergründige Rationalisierungen für das eigene Verhalten anzubieten, sind gelegentlich im Vorfeld und häufiger als Folge vielfältiger Interaktionen bei Konsumenten aller Drogentypen zu beobachten. Der Prozeß wechselseitiger Zuschreibungen innerhalb einer „Drogenkarriere" bedingt nicht selten, daß die Frage nach dem Ursprung und der Folge dissozialer resp. antisozialer Persönlichkeitsstörungen unscharf wird.

Bei der *emotionalen Labilität* handelt es sich um einen Persönlichkeitsbefund, in den sowohl vorbestehende Persönlichkeitsanteile wie Folgen z.B. eines schädlichen Substanzgebrauches eingehen. Menschen mit einer emotionalen Labilität zeichnen sich durch eine wechselnde und launenhafte Stimmung aus. Ihre Selbstkontrolle und ihre Fähigkeit, vorauszuplanen, sind wegen erhöhter Empfindsamkeit oder starker Gefühle irritiert oder sogar blockiert. Die emotionale Instabilität kann sich durch mangelnde Impulskontrolle sogar in gelegentlichen Ausbrüchen von gewalttätigem und bedrohlichem Verhalten äußern. Bei anderen Menschen zeigt sich die emotionale Instabilität eher in einer Neigung zu intensiven, aber unbeständigen Beziehungen, was zu emotionalen Krisen mit Suiziddrohungen oder sogar entsprechenden Handlungen führt.

Es gibt Menschen, die in ihrer Entwicklung zurückgeblieben, *unreif* geblieben sind und dieses Defizit durch Selbstbezogenheit und fehlende Fähigkeit, auf andere einzugehen, kompensieren. Sie sind leicht beeinflußbar, oberflächlich, verlangen nach aufregender Spannung und nach Aktivitäten, in denen sie sich in den Mittelpunkt der Aufmerksamkeit stellen. Die Drogen- bzw. die Alkoholwirkung verstärkt ihre Kompensationsneigung.

Unentschlossenheit, Zweifel und übermäßige Vorsicht können Ausdruck einer tiefen Unsicherheit sein. Weitere Charakteristika solcher Menschen sind Gewissenhaftigkeit bis zur

Zwanghaftigkeit und eine unverhältnismäßige Leistungsbezogenheit unter Vernachlässigung persönlicher Bedürfnisse. Die Leistungsseite kann durch Medikamente oder Alkohol zumindest in der subjektiven Wahrnehmung gesteigert werden.

Andere Menschen empfinden andauernde Gefühle von Anspannung, Besorgtheit, *Ängstlichkeit*, Unsicherheit und Minderwertigkeit. Es besteht eine tiefe Sehnsucht nach Zuneigung und Akzeptiertwerden bei einer gleichzeitigen Überempfindlichkeit gegenüber Zurückweisung und Kritik. Dieses Bedürfnis nach Gewißheit, Sicherheit und Geborgenheit kann zur Einnahme von Entspannungsmitteln, seien es Medikamente, Alkohol oder Opiate, führen, da die Wirkung dieser Substanzen das Gefühl von Wärme, Geborgenheit etc. vermittelt.

Menschen, die dazu neigen, die Verantwortung für wichtige Bereiche ihres eigenen Lebens anderen zu überlassen, ordnen auch ihre eigenen Bedürfnisse unter diejenigen anderer Personen. Sie sind in ihrer Selbstwahrnehmung *abhängig*, schwach, hilflos, inkompetent und sind wenig in der Lage, Ansprüche gegenüber Personen, zu denen eine Abhängigkeit besteht, zu äußern. Es bestehen erhebliche Ängste, verlassen zu werden oder allein zu bleiben und entsprechende Anstrengungen, sich des Gegenteils zu versichern. Auch hier helfen Medikamente, Alkohol oder Opiate, in der subjektiven Wahrnehmung zumindest vorübergehend.

Wenn man davon ausgeht, daß psychoaktive Substanzen (Drogen) entweder beruhigend, dämpfend und sogar angstlösend oder im Gegenteil stimulierend wirken können, läßt sich verstehen, daß Menschen mit unterschiedlichen Persönlichkeitszügen verschiedene Wirkungen suchen. Der Wirkungseffekt der Euphorie, der allen psychoaktiven Substanzen, wenn auch in unterschiedlichem Ausmaß, eigen sein kann, wurde in der Vergangenheit überbewertet. Die klinische Erfahrung lehrt, daß Euphorie in wechselndem Ausmaß und nur über kurze Wegstrecken innerhalb der Abhängigkeitsentwicklung wahrgenommen wird. Der früher der Suchtentwicklung gern zugrunde gelegte „Lustgewinn" entstammt wahrscheinlich eher einer moralisierenden Sicht der Dinge.

Vor dem Hintergrund einer einfachen *Drogentypologie* nach dämpfend/entspannenden oder stimulierenden Effekten läßt sich eine Zuordnung zu einer vereinfachten Personentypologie erreichen. Es ist naheliegend, daß sich bei Passiven und Bequemen, die auf kurzschlüssigem Weg eine Erleichterung ihrer Beschwerden erreichen wollen, oder bei Gelangweilten, die nichts mit sich anzufangen wissen („sensation seeking"), ein Bedürfnis nach Anregungen und Stimulation findet. Spielt hierbei eine destruktive Seite mit, wird sich dieses Bedürfnis auch gegen die eigene Person richten und ein Spiel mit der Gefahr oder auch bloßes „Zu-Sein" beinhalten. Aktive, tüchtige Menschen, die unter Arbeitslast, finanziellen Sorgen oder mannigfaltigen Konflikten in Beruf und Arbeit, der Erschöpfung nahe, Ruhe, Entspannung und Abschalten suchen, werden entsprechende Mittel, d.h. heute neben dem Alkohol auch Beruhigungs- und Schlafmittel oder Schmerzmittel gebrauchen. Selbstunsichere, Ängstliche oder Personen mit einem kompensatorischen Geltungsstreben werden die hohe innere Anspannung oder sogar Erregbarkeit ebenfalls zu dämpfen suchen. Der Einsame wird abschalten wollen oder hinter der vermeintlichen oder tatsächlichen Mauer ein Stimulationsbedürfnis kennen; der Gesellige wird sein hyperthymes Lebensgefühl stimulieren wollen, er wird aber auch – je nach Ausmaß seiner Selbstsicherheit – Außeneinflüssen erlegen sein oder umgekehrt sich gegenüber solchen abzuschirmen wissen.

Wenn wiederholt das *System des Selbstwertes* und der Selbstsicherheit angesprochen wird, so deshalb, weil hier die komplexen Bezüge von Kognitionen, Affekten, Antrieb und Handlungen respektive „Bewältigungsstrategien" koordiniert und gesteuert werden. Allfällige Defizite oder Regulationsstörungen werden hier aufgefangen oder durch Hilfsstrategien kompensiert. Die Einnahme von Suchtmitteln wird häufig als Versuch verstanden, Gefühle des Ungenügens, der Unsicherheit, der inneren Leere zu kompensieren. Substanzgebrauch als Verstärkung des Selbstwertgefühls ist eine wichtige Leitlinie, um das Verhalten und die innere Dynamik eines suchtmittelabhängigen Menschen zu verstehen. Das Ausmaß der Selbstunsicherheit kann so groß bzw. der Anspruch an sich selbst oder der Widerstreit mit der Norm so intensiv sein, daß der Versuch einer Selbstbehandlung zur Extremvariante Suizid wird. Drogengebrauch als Suizidäquivalent wird Zeugnis einer mehr oder weniger bewußten Abkehr von der äußeren oder inneren Realität. Das primäre Motiv ist nicht, sich das Leben endgültig zu nehmen, sondern vielmehr die Erfahrung einer Grenzsituation in der Hoffnung, irgendwie zu einem anderen Leben, zu einem „diesseitigen Jenseits" zu gelangen. Todessehnsucht ist dann nicht mit Todestrieb gleichzusetzen, sondern beinhaltet den Wunsch, einmal eine Welt zu erleben, in der man die im realen Dasein nie erfahrene Ruhe doch endlich erhalten kann. „Flucht aus der Realität" ist die wohl zutreffende, wenn auch verharmlosende Bezeichnung dafür. Dahinter liegen Hoffnungen und Ansprüche, die kaum zu erfüllen sind. Das Versagen führt zu Mißtrauen, ja sogar Haß, vor allem sich selbst gegenüber. Sich selbst als Versager, als böse zu erleben und anderes als Ideal, das nie erreicht wird, bedingt eine Spaltung in gut und böse, eine Opposition, die entweder in Selbstdestruktivität oder in die Flucht in eine Scheinwelt münden kann.

3. Suchttheorien

Neurobiologische Grundlagen

Den Opioiden kommt bei der Untersuchung von neurobiologischen Grundlagen der Sucht eine Schlüsselrolle zu: Die Identifizierung von Morphinrezeptoren im zentralen Nervensystem und die sich daran anschließende Entdeckung körpereigener, morphinartig wirksamer Substanzen im Gehirn, der Endorphine oder Opioidpeptide, haben der Suchtforschung einen enormen Impuls verliehen. Es gibt mehrere Typen von Rezeptoren. Entsprechend dem Bindungsvermögen und im Hinblick auf verschiedene Opioide werden unterschieden: die μ-Rezeptoren, die bevorzugt Morphin binden, die δ-Rezeptoren, die bevorzugt Enkephalin und die ϰ-Rezeptoren, die bevorzugt Dynorphin binden. Gemeinsam ist diesen verschiedenen Typen eine G-proteinbindende Rezeptorstruktur. Bindungsversuche haben Hinweise auf die Existenz von weiteren Subtypen ergeben. Bezüglich der Liganden der Opioidrezeptoren, den Opioidpeptiden, sind ebenfalls mehrere Gruppen zu unterscheiden, so das β-Endorphin, das eine bevorzugte Affinität zu den μ- und δ-Rezeptoren hat, die Enkephaline, die zu den δ-Rezeptoren und die Dynorphine, die zu den ϰ-Rezeptoren eine Affinität aufweisen. Somit sind drei körpereigene Opioidsysteme zu unterscheiden.

Zur Beantwortung der Frage nach den bei der Suchtentwicklung involvierten zentralnervösen Strukturen und den hierbei wirksamen Überträgersubstanzen sind eine Reihe verschiedener Methoden entwickelt worden. Das mesolimbische System im Gehirn stellt nicht nur den Wirkungsort klassischer Suchtmittel dar, sondern spielt auch bei physiologischen, mit Befriedigung verknüpften Körperfunktionen wie Essen, Trinken, Sexualverhalten sowie bei der Psychomotorik eine entscheidende Rolle („reward"-System). Die unmittelbare Verabfolgung von Opioiden in umschriebene Kerngebiete des Gehirns hat ergeben, daß die zentrale Haubenregion des Mittelhirns mit den sogenannten A/10-Neuronen, die eine Verbindung vom Zwischenhirn zum Großhirn darstellen, eine Schlüsselfunktion aufweist. Bei den diversen Suchtstoffen wird Dopamin (DA) als Überträgersubstanz wirksam.

Mit Hilfe der Mikrodialysemethode ist es heute möglich geworden, die Freisetzung von Überträgersubstanzen in umschriebenen Hirnarealen am freibeweglichen Tier zu bestimmen. Die Freisetzung von Dopamin im Nervus accumbens wird mittels einer dort implantierten Dialysensonde gemessen. Morphin oder β-Endorphin bewirken eine dosisabhängige Erhöhung des Dopamin-Umsatzes, Mittel, die auf ϰ-Rezeptoren wirken, führen zu einer Verminderung desselben. Diese Befunde lassen den Schluß auf eine tonische Aktivität zweier in einer Wechselbeziehung stehenden Opiatsysteme (μ-Rezeptoren gegenüber ϰ-Rezeptoren) zu.

Die wiederholte Zuführung der „klassischen" Opiate Morphin oder Heroin führt nicht nur zur psychischen, sondern auch zur körperlichen Abhängigkeit. Der Zustand körperlicher Abhängigkeit ist so lange maskiert, solange ausreichend Stoff im Organismus vorhanden ist, d.h. die entsprechenden Rezeptoren besetzt sind. Entzug der Drogen demaskiert die Abhängigkeit und führt zum Auftreten von Entzugserscheinungen. Toleranz und körperliche Abhängigkeit entwickeln sich meist parallel; sie sind Ausdruck desselben Grundgeschehens. Während der Organismus gegenüber den extern zugefügten Opiaten Toleranz entwickelt, erfolgt dies offenbar nicht gegenüber den körpereigenen, endogen produzierten Opioiden. Zu erklären ist dies möglicherweise damit, daß die endogenen Opioidsysteme in der Regel spontan wenig aktiv sind. (Hypothesen, nach denen z.B. die Spielsucht oder Extremsportarten eine stärkere Aktivierung endogener Opioidsysteme bedingen, sind datenmäßig noch ungenügend belegt.)

Aufschlußreiche Ergebnisse erbrachten jüngste Versuche hinsichtlich der Funktion des mesolimbischen Systems beim Entzug. Spontaner wie auch durch das Gegenmittel Naloxon ausgelöster und provozierter Entzug hatten bei chronisch mit Morphin behandelten Ratten ein starkes Absinken des Dopamin-Umsatzes im Nervus accumbens zur Folge. Hier zeigt sich eine Parallele zu den an Menschen beobachteten subjektiven Wirkungen. Dysphorische Stimmungslage ist ein charakteristisches Entzugssymptom des Morphin- oder Heroinentzuges. Das gleiche bewirken Substanzen, die auf die $\varkappa$-Rezeptoren wirken.

Vermindertes Ansprechen (Toleranz) bei häufig wiederholter Zuführung wird bei den meisten Opioiden beobachtet. Daneben gibt es aber auch den Befund, daß mit wiederholter Verabreichung eines Opioids eine gesteigerte Empfindlichkeit, eine erhöhte „Sensitivierung" eintritt. Mikrodialyseversuche zeigten, daß Sensitivierung mit gesteigertem Dopaminumsatz im mesolimbischen System einhergeht. Dies steht im Einklang mit der engen Verknüpfung von Belohnungssystemen. Die einer solchen Sensitivierung für Opioide zugrundeliegenden zellulären und molekularen Mechanismen sind noch zuwenig geklärt. Von Interesse in diesem Zusammenhang sind neue Befunde, welche darauf hinweisen, daß das ϰ-Rezeptor-System der durch das Morphin bewirkten Sensitivierung entgegenzuwirken vermag. Dies stimmt mit der doppeldirektionalen Steuerung des Belohnungssystems durch Opioide unterschiedlicher Rezeptorsysteme zusammen.

Die Wirkung auf das dopaminerge System läßt sich nicht nur bei den Opioiden, sondern, wenn auch mit etwas verändertem Mechanismus, bei den Stimulantien wie z.B. Kokain oder Amphetamin und beim Kaffee beobachten. So stellt die Hemmung des Dopamin-Transportes den entscheidenden Mechanismus für die Verstärkerwirkung des Kokains dar.

Neben dem Dopamin sind auch das Serotonin, dann das Glutamat als wichtigste exitatorische (erregende) Aminosäure und GABA als wichtigste inhibitorische (hemmende) Aminosäure als Überträgerstoffe involviert. Ähnlich wie bei dem entgegengesetzten System endogener opioider Mechanismen ist auch anzunehmen, daß unterschiedliche Transmittersysteme bei bestimmten psychischen Merkmalen und Verhaltensabläufen der Sucht wirken. Dies hat letzlich auch zur Frage geführt, inwieweit der Entwicklung der Sucht ein Ungleichgewicht irgendwelcher Systeme zugrunde liegen könnte. Daraus wurde etwa postuliert, daß der Sucht als Ausdruck eines „Mangels-" eine Unter- oder Dysfunktion vor allem endogener Opioide zugrunde liegen könnte. Im Hinblick auf die nun offenkundige Differenzierung verschiedener Opioidsysteme bedarf diese Vorstellung einer Ergänzung: danach könnte eine erhöhte Suchtdisposition sowohl auf einer Unterfunktion des durch μ- und δ-Rezeptoren aktivierten Belohnungssystems als auch auf einer Überfunktion der durch die ϰ-Rezeptoren aktivierten aversiven (Unlust erzeugenden) Mechanismen beruhen.

Sozio-psychodynamische Aspekte

Nach heutiger Lehrmeinung sind bei der Untersuchung der Entstehung süchtigen Verhaltens sowohl psychologische und soziologische wie neurobiologische Aspekte zu berücksichtigen. Entsprechend wird auch vom somatopsychosomatischen oder biopsychosozialen Modell gesprochen. Im folgenden sollen kurz gefaßt einige theoretische Aspekte der Tiefenpsychologie, der Systemtheorie sowie Aspekte psychosozialer Forschung im Blick auf die Suchtproblematik erörtert werden.

Die frühe Psychoanalyse untersuchte Zusammenhänge zwischen Triebgeschehen und Abhängigkeit, später galt die Aufmerksamkeit der Bedeutung von Selbstwerdung und Ich-Reifung. Damit stand weniger die Triebbefriedigung und die durch die Substanz vermittelte Euphorie im Zentrum des Interesses, sondern mehr die adaptiv funktionelle Seite des Drogengebrauchs. Strittig blieb weiterhin, ob der Drogengebrauch das zugrundeliegende psychopathologische Geschehen überdeckt und verschleiert, oder ob er selbst als eigenständiger Repräsentant der psychopathologischen Situation des Suchtkranken verstanden werden soll.

Die ersten Lebensjahre des Menschen dienen dazu, innere Strukturen zu entwickeln, die die Basis sind für die Bewältigung von Versagungs- und Trennungserlebnissen oder die Fähigkeit, Affekte zu erkennen, zu differenzieren, erträglich und kontrollierbar zu machen. In dieser Zeit entstehen auch eigene Regulationsmechanismen für die Selbsteinschätzung und die Fähigkeit zu Objektbeziehungen. Schwere Traumatisierungen oder Mangelerfahrungen in der frühen Kindheit können zu defizienten Strukturen führen. Die Analyse der *Ich-Funktionen* wies aus tiefenpsychologischer Sicht bei Suchtkranken ein Vorliegen überwiegend primitiver Abwehrmechanismen wie Verleugnung, Abspaltung, Isolierung und Externalisierung auf. Damit verbunden ließ sich häufig eine Verzerrung der Realitätsprüfung und der Realitätswahrnehmung beobachten. Eine gestörte Entwicklung des *Selbst* und des Selbstwertgefühls wurde auf frühkindliche Traumatisierungen oder Mangelerfahrungen zurückgeführt. Es gibt die Auffassung, daß ein Kern der Schwierigkeiten, mit denen Drogenbenützer zu kämpfen haben, darin liegen könnte, daß bei ihnen ein Konflikt zwischen Fusionsbedürfnissen (seelische Verschmelzung, z.B. mit einer idealisierten Person) und Individuationsstreben (Streben nach Sich-selbst-sein) besteht. Basis dafür ist eine unvollständige Auflösung der frühkindlichen Individuation, in der Selbst und Objekte nicht klar voneinander abgegrenzt erlebt werden können. Es resultiert ein ungenügend entwickeltes Selbstgefühl mit der Gefahr, an intensiven, tiefen Ängsten zu leiden und dem verzweifelten Verlangen nach etwas „Anderem", das benötigt wird, um sich selbst vollständig zu fühlen. Eine Ambivalenz zwischen verzweifelter Suche nach Nähe und ebenso verzweifelter Furcht vor Nähe, also eine tiefe Unsicherheit im Nähe-Distanz-Bereich, bestimmen nicht zuletzt auch therapeutische Beziehungen. Wie weit daneben auch eine primäre Destruktivität oder auch Aggressivität verborgen ist, läßt sich zumeist nicht genügend klären. Das komplexe klinische Erscheinungsbild, die Art der erkennbaren Psychopathologie wie auch die Erkenntnis von Bedingungen, unter denen sie entsteht, ließen die süchtige Entwicklung in die Nachbarschaft sogenannter Borderline-Störungen rücken. Als hervorstechende Zeichen dieses Syndroms kann man folgende Züge beobachten: erhebliches Mißtrauen, Selbstbezogenheit mit Beziehungen, die zumeist kurz und manipulativ verlaufen, ungenügende Abgrenzung des Selbst und instabiles Selbstwertgefühl, Bereitschaft zu impulsiven Handlungen, die nach dem Alles-oder-Nichts-Prinzip nicht nuanciert, sondern aggressiv gefärbt erfolgen. Man kann annehmen, daß bei diesen Menschen die narzißtische Krise stärker ausgeprägt ist und eine größere Bereitschaft zu archaischen Abwehrformen wie Spaltung, Verleugnung und Externalisierung besteht.

Neben Suchtkranken mit einer psychopathologischen Störung gibt es solche, die primär keine Persönlichkeitsauffälligkeiten mitbringen, bei denen vielmehr Veränderungen als Ausdruck von *Folgestörungen* des Drogengebrauchs oder auch als Ausdruck von Stigmatisierungen (Reaktion der Umwelt) verstanden werden müssen. Die soziale Isolierung und die Randposition Süchtiger bringen es mit sich, daß Suchtkarrieren als reaktive Entwicklungen nach dem Muster eines symbolischen Interaktionismus erfolgen. Die Interaktion zwischen gesellschaftlichen Einflüssen und der psychischen Struktur des Individuums und in Verbindung damit der pathoplastische oder direkt krankmachende Einfluß gesellschaftlicher Prozesse sind Inhalte, die ebensolcher Beachtung bedürfen wie Untersuchungen allfälliger frühangelegter Störungen oder Störbarkeiten. Interaktionelle Störungen lassen sich auch in Familien beobachten, deren Dysbalance durch einen Süchtigen und einen oder mehrere Co-Süchtige aufrechterhalten wird.

Aus dem Gesagten wird bezüglich der therapeutischen Beziehung deutlich, daß der Therapeut bzw. das therapeutische Milieu oder Netzwerk eine im weitesten Sinne klärende und stützende Funktion („holding-function") und erst in zweiter Linie gegebenenfalls eine konfrontierende Haltung übernehmen soll. Empathie und Kongruenz, die kleine Schritte überblickbarer Veränderungen ermöglichen, müssen aufrechterhalten bleiben. Die Behandlung Suchtkranker hat oftmals den Charakter eines Balanceaktes, im Beziehungsbereich zwischen Nähe und Distanz, zwischen den narzißtischen Anteilen ebenso wie den Anforderungen der Realität.

Streß als Dispositionsfaktor

Streß hat sowohl wichtige lebenserhaltende wie schädliche lebensbeeinträchtigende Seiten. Die Vielfalt der Stressoren und der Streßreaktionen hat in den letzten Jahren zu einer differenzierteren Betrachtung der neurobiologischen und der psychosozialen Seite des Streßphänomens Anlaß gegeben. Die neurobiologische Untersuchung von Streß, z.B. von Streßhormonen und Angst, ergab wichtige Hinweise für die individuelle Disposition zur Entwicklung und Aufrechterhaltung eines Suchtmittelgebrauchs. Die neurobiologische Steuerung von Streß erfolgt im Organismus über hormonelle Adaptationen des Hypothalamus-Hypophysen-Nebennierensystems. Unter streßfreien Bedingungen verursacht die akute und chronische Einnahme z.B. von Alkohol eine Aktivierung dieses Systems, während andererseits die neuroendokrine Reaktionsbereitschaft gegenüber Stressoren gedrosselt wird. Dies führt zur Annahme, daß z.B. Alkohol die Verarbeitung und Überwindung negativer Streß-Auswirkungen erleichtert. Neuere Forschungsergebnisse haben gezeigt, daß Streß und eine nachfolgende Überfunktion der Nebennierenrinde (Hyperkortisolismus) die Selbstverabreichung von Suchtmitteln potenziert. Dabei ist nicht bekannt, wieweit einerseits vorausgegangene Streßeinwirkungen, die etwa im Verlaufe einer gestörten Sozialisation erfolgten, oder wieweit andererseits auch innere, körpereigene Stoffe, sogenannte Neuropeptide und insbesondere Opioid-Peptide (Endorphine), die Aktivität eines postulierten neurobiologischen, im Zwischenhirn anzusiedelnden Suchtsystems („reward"-System, s.o. S. 38) beeinflussen. Aus dem Zusammentreffen von erhöhter körpereigener Kortikosteroid-Konzentration und erhöhter Selbstverabreichung von Suchtmitteln wird geschlossen, daß Streßhormone bei der Aufrechterhaltung von Suchtverhalten eine Rolle spielen könnten. Die Forschung wird in den nächsten Jahren intensiver der Frage nachgehen, ob und wie Streß die Motivation zum Suchtmittelgebrauch beeinflußt. Dies gilt etwa auch für Rückfallsituationen, in denen durch Aktivierung bestimmter Kognitionen und Affekte („ich bin nichts wert") sowie von Entzugs- oder Drogeneffektkopien Streß entsteht und Drogenverlangen ausgelöst wird. Welche Lernprozesse hierbei im unwillkürlichen Nervensystem und in kognitiv-emotionalen Bereichen mitspielen, ist noch zuwenig bekannt.

Familiäre Einflüsse

Es gibt eine familiäre Häufung von Suchterkrankungen. Dabei fehlt gleichzeitig eine Spezifität für bestimmte Abhängigkeitserkrankungen. Aus der familiären Häufung folgt für die Forschung, auf der Basis von Familien- und Verlaufsstudien ein Vulnerabilitätsmodell zu postulieren, das Erkenntnisse über Risiko- und Schutzfaktoren ermöglichen kann.

Um den Einfluß elterlichen Verhaltens bezüglich der genetisch bestimmten und bezüglich der psychologisch relevanten Faktoren genauer zu untersuchen, sind kontrollierte Familienstudien notwendig, die simultan familiär belastete und familiär unbelastete Geschwisterschaften hinsichtlich Suchtmittelgebrauch und -abhängigkeit miteinander vergleichen.

Von vorrangiger Bedeutung für die familiäre Häufung scheint der Suchtmittelgebrauch der Eltern, insbesondere der Alkoholismus des Vaters zu sein. Kinder von Alkoholikern und offenbar auch jene von Heroinabhängigen zeigen, falls sie Suchtmittel benützen, eine Neigung zum Mißbrauch mehrerer Suchtmittel. Das Fehlen kontrollierter Familienstudien und das Fehlen methodisch hinreichender Zwillings- und Adoptionsstudien bei Heroinabhängigen machen zum gegenwärtigen Zeitpunkt eine abschließende Meinungsbildung über die Häufigkeit und die geschlechtsspezifische Relevanz dieser Suchtform unmöglich, während der Einfluß von Anlagefaktoren bei der Alkoholabhängigkeit größer ist. Aus Familienstudien ist bekannt, daß Abhängigkeitserkrankungen mit anderen psychiatrischen Störungen, insbesondere Angsterkrankungen und Depressionen, selten auch mit Schizophrenie, gemeinsam auftreten. Es ist also eine gemeinsame familiäre Risikokonstellation für verschiedene Abhängigkeiten von Suchtmitteln wie für ein gleichzeitiges Auftreten anderer psychiatrischer Erkrankungen anzunehmen. Die Kenntnis von neurobiologischen Zusammenhängen und Verhaltensauffälligkeiten macht es heute möglich, bestimmte Gene als sogenannte Kandidatengene für genetische Assoziationsstudien zu betrachten. Eine eigentliche Erblichkeit von Sucht ist damit aber nicht anzunehmen; sie ist auch deshalb auszuschließen, weil die Manifestation dieser Störung ein enorm breites Spektrum umfaßt.

Neben den Eltern ist jeweils der Einfluß der Peer-Group zu berücksichtigen. Im Vergleich mit Jugendlichen ohne Drogenkonsumverhalten weisen drogenkonsumierende Jugendliche bereits in der Zeit vor Beginn des eigentlichen Konsums vermehrten Kontakt zu drogenkonsumierenden Peers und entsprechenden Gruppen auf. Neben der Familie und der Peer-Group sind streßreiche psychosoziale Belastungen zu berücksichtigen. Es konnte gezeigt werden, daß elterlicher Alkoholismus vor allem dann zu einem wichtigen Risikofaktor wird, wenn Auffälligkeiten der Eltern und zusätzliche Umweltbelastungen kumulieren. Elterlicher Alkoholmißbrauch wirkt, vermittelt über Streß und Belastungen, auf das affektive Befinden der Kinder. Die resultierende negative Affektlage nimmt dann auf den Konsum von Drogen bedeutsam Einfluß. Physischer und sexueller Mißbrauch scheint ein weiterer relevanter früher Belastungsbereich für die Entwicklung von Drogenkonsum darzustellen. Es wurde festgestellt, daß insbesondere ein Teil drogenabhängiger jugendlicher Mädchen über derartige Belastungen und Mißhandlungen berichtet.

Weitgehend offen sind noch die Auswirkungen *protektiver* Faktoren. Fehlende elterliche, insbesondere väterliche Aufsicht und Kontrolle wurden als bedeutsamer Risikofaktor für Kontakte zu drogenkonsumierenden Peer-Gruppen definiert. Erfolgreiche Unterstützung und konsistente erzieherische Kontrolle erschweren hingegen die Entwicklung zu einem jugendlichen Alkohol- und/oder Drogenmißbrauch. Eine wichtige Frage im Zusammenhang mit der Bedeutung von Protektionsfaktoren betrifft auch den Einfluß der Geschwister, die sich vom Substanzmittelgebrauch distanzieren können.

IV. Kleines Drogenlexikon

1. Substanzen

Opiate

Opium ist der getrocknete Saft der unreifen Kapsel des Schlaf-
mohns und wird vor allem im Iran, in der Türkei und im
„Goldenen Dreieck" (Nordthailand, Burma und Laos) ange-
baut. Als wichtigste Droge der Alten Welt wurde Opium
während Jahrtausenden in verschiedenen Kulturkreisen als
Mittel gegen Schmerzen, zur Beruhigung, zur mystischen Ver-
senkung und zum Erreichen von Euphorie benützt.

Morphin, eines der besten starken Schmerzmittel, ist eines
von rund 90 verschiedenen Alkaloiden, die im Opium enthalten sind (Alkaloide sind stickstoffhaltige, meist kompliziert
gebaute Stoffe, die in vielen tropischen und subtropischen
Pflanzen gebildet werden). Opiate wirken auf Opiatrezeptoren im Gehirn; möglicherweise gibt es für die Schmerzregula-
tion wie für die abhängigkeitsfördernde Wirkung verschiedene Rezeptoren.

Heroin (Diacetylmorphin) ist ein Abkömmling des Mor-
phins. Während Morphin, Methadon, Dolantin, Dicodid,
Dilaudid u.a. als stark wirksame Schmerzmittel mit einem
Betäubungsmittelrezept ärztlich verordnet werden können,
sieht das Betäubungsmittelgesetz eine ärztliche Verwendung
von Heroin prinzipiell nicht vor.

Da Heroin auch illegal leicht herstellbar ist, als Schwarz-
marktprodukt breite Verwendung fand und die Entwicklung
internationaler Vereinbarungen zur Bekämpfung von illega-
lem Anbau und Handel von Betäubungsmitteln induzierte,
erhielt es das Attribut eines besonders gefährlichen Stoffes.
Dies hat sich durch seine illegale Herstellung und Verwendung bis heute erhalten.

Heroin wird als weißes Pulver, zumeist in gestreckter Form
gehandelt; im Straßenverkauf hat es einen Reinheitsgrad von
10–20%. Höhere Konzentrationen kommen vor, sind bei uns

aber selten. Heroin wird in Wasser aufgelöst injiziert, seltener geschnupft oder inhaliert.

Kokain

Kokain ist ein weißes, flaumiges, kristallines Pulver aus den Blättern des Kokastrauches. Die Hauptanbauländer und -erzeuger von Kokain sind Peru, Bolivien, Kolumbien und Ecuador. Insbesondere in Kolumbien erfolgt der Aufbau und Unterhalt der nötigen Organisation zum Vertrieb des Endproduktes auf den Märkten in den USA und in Europa.

Die Indianer des südamerikanischen Hochlandes haben die Wirkung der Kokapflanze beim Überqueren von Gebirgen durch ihre Lasttiere, die Kokablätter fraßen, kennengelernt. Wegen der schnell einsetzenden leistungssteigernden und hungerstillenden Effekte ist das Kokablattkauen bei ihnen bis heute gebräuchlich. In den Industrieländern wird Kokain zumeist geschnupft. Dem Bedürfnis nach einem stärkeren psychotropen Effekt (Euphorie) kommt das Inhalieren bzw. Rauchen von Crack und Free Base entgegen. Kokain wird dabei mit anorganischen Substanzen wie Backpulver, Ammoniak, Salmiak bzw. organischen Lösungsmitteln wie Äther oder Chloroform behandelt und umgewandelt. Möglich ist auch die intravenöse Anwendung von Kokain. Kokain wirkt ähnlich stimulierend wie körpereigene Katecholamine (z.B. Adrenalin).

Cannabis

Haschisch ist das Harz des indischen Hanfs. Das getrocknete und kleingeschnittene Kraut wird Marihuana genannt. Hauptsächliches Vorkommen traditionsgemäß im Vorderen und Mittleren Orient, in Nordafrika, Indien und Mexiko. Die Hanfpflanze wächst auch in nördlichen Breitengraden, wobei die Harzqualität schlechter ist. Die Wirksubstanzen der Hanfpflanze sind Cannabinole und Cannabidiole, insbesondere das Delta-8- und Delta-9-Tetrahydrocannabinol (THC). Letzteres ist auch synthetisch herstellbar. Cannabis und seine Wirkstoffe haben bei uns derzeit keine medizinische Verwendung. Die Verwendungsformen von Hanf sind kulturell sehr unterschiedlich.

THC verteilt sich nicht gleichmäßig im Organismus, wie das etwa beim Alkohol der Fall ist, sondern wird als fettlösliche Substanz vor allem in denjenigen Organen angereichert, die Lipoide (fettähnliche Substanzen) enthalten. Sowohl im Gehirn wie auch in der Leber wurde eine Anreicherung von THC beobachtet mit einer langsamen Ausscheidung, so daß Abbauprodukte noch bis zu drei Wochen nach Einnahme nachzuweisen sind. Zur Herbeiführung einer deutlichen Cannabiswirkung sind 2–20mg Delta-9-THC nötig. Der Wirkstoffgehalt variiert dabei zwischen 1–10%.

Halluzinogene

Halluzinogene sind Traumbilder provozierende Substanzen, deren Gebrauch illegal ist. Im Rahmen seltener Formen von Psychotherapien, die bei sonst therapieresistenten Patienten Hoffnung versprechen, ist ihr Einsatz im Sinne eines medizinischen Versuches unter kontrollierten Bedingungen durch entsprechend autorisierte Ärzte möglich.

Zu den Halluzinogenen gehören Substanzen wie das Lysergsäurediäthylamid (LSD), Psilocybin, Dimethyltryptamin (DMT) und Meskalin; im weiteren auch Dimethoxymethylamphetamin (DMA und Extasy), Delta-9-Tetrahydrocannabinol (Haschisch) sowie Atropin enthaltende Stoffe.

Halluzinogene kommen in (selten auch einheimischen) Pilzen vor und finden insbesondere in den mittelamerikanischen Kulturen traditionell Verwendung. Atropinhaltige Pflanzen (z.B. Tollkirsche) werden u.a. von Schamanen in Sibirien zu rituellen Zwecken verwendet.

Amphetamine

Amphetamine sind Weckmittel oder Psychostimulantien. Zu ihnen gehören Metamphetamin, Phenmetrazin sowie weitere amphetaminähnliche Substanzen wie Dimethoxymethylamphetamin (DMA und MDMA Extasy).

Als Appetitzügler finden Amphetamine keine Verwendung mehr, weil sich für die appetithemmende Wirkung rasch eine Toleranz entwickelt und zudem ein hohes Abhängigkeitspotential besteht. Amphetamine werden allenfalls bei der Behandlung der Narkolepsie (Schlafsucht) benützt. Das amphetaminähnlich wirkende Methylphenidat (Ritalin ®) wird zur Behandlung von hypereretischen (unter starker Bewegungsunruhe leidenden) Kindern und Jugendlichen eingesetzt, bei denen Stimulation eine quasi paradoxe, weil beruhigende Wirkung hat.

Das dem Amphetamin verwandte Ephedrin kommt in immer noch verwendeten Husten-, Schnupfen-, Grippe- und Kreislaufmedikamenten vor. Amphetamine und amphetaminähnliche Stoffe bewirken eine Stimulation der Alpha- und Betarezeptoren und führen klinisch u.a. zu einer Steigerung der Herzfunktion (schneller Puls, Blutdruckanstieg).

Psychisch bewirken Amphetamine Wachheit, fehlendes Hungergefühl, vermeintliche Leistungssteigerung. Letzteres führte dazu, daß Amphetamine zum Doping oder zur beruflichen Leistungssteigerung bzw. zum Wachbleiben (nächtliches Autofahren über große Distanzen) benützt wurden. Wegen der vielfältigen gesundheitsgefährdenden Risiken wurde der Gebrauch von Amphetaminen verboten.

Barbiturate

Barbiturate wirken dämpfend auf verschiedene Funktionen des Zentralnervensystems. Bei höherer Dosierung tritt Schlaf oder sogar Koma auf. Diese ehemals als Schlafmittel häufig verwendete Gruppe von verschiedenen Substanzen wird heute nur noch selten bei bestimmten Formen von Epilepsien verwendet. Neben der dämpfenden Wirkung ist bei Barbituraten selten mit einem paradoxen Effekt (Erregung) zu rechnen. Die Gruppe der Barbiturate wurde im Verlauf der vergangenen 20 Jahre allmählich durch diejenige der Benzodiazepine (z.B. Valium) ersetzt.

Alkohol

Alle aliphatischen Alkohole (Methanol, Äthanol, Propanol, Butanol u.a.) entfalten narkotische Wirkungen, d.h., sie sind Betäubungsmittel. Im Hinblick auf ihre toxischen Wirkungen unterscheiden sie sich je nachdem, ob die Wirkung vom Stoff selbst, wie beim Äthanol, oder durch Metaboliten (chemische Abbau- und Umbauprodukte), wie beim Methanol, bedingt ist. Äthylalkohol entsteht aus der Vergärung von Mono- und Disacchariden (Wein, Met) oder aus Polysacchariden (Stärke von Gerste beim Bier; Reis bei Sake; Mais bei Chicha). Durch Destillation erreicht man eine Konzentrierung des durch Vergärung entstandenen Alkohols (Schnäpse, „Brände"). Zur gewerblichen Verwendung von Alkohol wird je nach Verwendungszweck Aceton, Petroläther oder Methylalkohol (Holzgeist) beigegeben. Er wird so ungenießbar.

Äthanol wird rasch resorbiert und nahezu gleichmäßig im Körper verteilt, im nüchternen Zustand sehr viel rascher als bei vollem Magen und Darm. Abhängig von der aufgenommenen Menge ist nach 1–2 Stunden das Maximum der Blutkonzentration erreicht. Äthanol geht bei Schwangeren ungehindert in den Plazentakreislauf über und erscheint in der Muttermilch.

Alkoholische Getränke sind Genußmittel, deren Gebrauch kulturell gefördert oder abgelehnt wird. Gewünscht werden Entspannung und Geselligkeit, abgelehnt wird enthemmtes oder aggressives Verhalten.

Nikotin

Nikotin ist ein Alkaloid, das aus den Blättern der Tabakpflanze gewonnen wird und je nach Dosierung erregende oder lähmende Wirkungen hat. Dies äußert sich in einem kurzfristigen Blutdruckanstieg (Stimulation) und anschließend in einer anhaltenden Blutdrucksenkung. Wegen der nahe beieinanderliegenden Erregungs- und Lähmungswirkungen ist eine therapeutische Anwendung von Nikotin unmöglich.

Nikotin ist ein in Form des Tabakrauchens immer noch breit verwendetes Genußmittel. Die Art und Weise des Tabakrauchens unterliegt stark soziokulturellen Traditionen und Entwicklungen. In den vergangenen Jahren ist neben dem aktiven Rauchen zunehmend auch die Bedeutung des Passivrauchens entdeckt worden. In vielen Bereichen des öffentlichen Lebens ist das Rauchen heute eingeschränkt.

Tranquilizer

Tranquilizer sind Medikamente, die angstlösende, beruhigen de Wirkungen, zentrale Muskelentspannung und krampflösende Effekte aufweisen. Zu den Tranquilizern gehören Carbinol-Derivate (Meprobamat), Diphenylmethanderivate und die Benzodiazepine (z.B. Valium).

Benzodiazepine stellen seit den 60er Jahren eine wichtige Medikamentengruppe in der Allgemeinmedizin, Psychiatrie und Anästhesie dar. Es gibt eine Vielfalt von Störungen bzw. Krankheiten, die mit Unruhe, Angst oder Erregung verbunden sind und den vorübergehenden Einsatz eines Benzodiazepinpräparates notwendig machen. Neben den ursprünglichen Präparaten Valium und Librium gibt es heute über 30 weitere Handelspräparate. Benzodiazepine werden von Drogenabhängigen entweder zur Symptombekämpfung bei Entzug oder Schlafstörungen oder in hohen Dosen zur Erreichung paradoxer Effekte (Wachheit, Enthemmung) benützt.

2. Abhängigkeitspotential

Man unterscheidet zwischen körperlicher und psychischer Abhängigkeit. In der Regel stellt sich eine körperliche Abhängigkeit rascher ein als eine seelische. Die psychische Abgewöhnung benötigt dann sehr viel mehr Zeit als die körperliche Entwöhnung.

Opiate (Opium, Heroin, Methadon, Morphin): Sehr hohe Gefahr schneller körperlicher wie psychischer Abhängigkeit.

Kokain (auch Crack und Free Base): Sehr hohe Gefahr einer rasch auftretenden psychischen Abhängigkeit; keine körperliche Abhängigkeit.

Cannabis (Haschisch, Marihuana, Haschischöl): Die Gefahr der psychischen Abhängigkeit ist deutlich vorhanden und hängt stark vom Wirkstoffgehalt ab. Eine körperliche Abhängigkeit wird selten beobachtet.

Halluzinogene (z.B. LSD): Eine gewisse psychische Abhängigkeit ist möglich; körperliche Abhängigkeit nicht bekannt.

Amphetamine (Aufputschmittel): Es besteht eine ausgeprägte psychische Abhängigkeitsgefahr.

Barbiturate (Schlafmittel): Beim chronischen Gebrauch deutliche psychische und körperliche Abhängigkeitsgefahr.

Alkohol: Bei chronischem Gebrauch deutliche psychische und körperliche Abhängigkeitsgefahr.

Nikotin: Hohe Gefahr psychischer Abhängigkeitsbildung; körperliche Abhängigkeit von Nikotin bei einem Teil der Raucher.

Tranquilizer: Im Vordergrund Gefahr der psychischen Abhängigkeit. Körperliche Abhängigkeit bis zu einem gewissen Grad.

3. Effekte der Drogeneinnahme

Art und Konzentration der Droge beeinflussen die Wirkung. Die Hauptgefahr besteht in der nicht situationsgerechten Handlungsweise, die mit Gefährdung anderer Personen (Alkoholrausch) oder mit Selbstgefährdung einhergehen kann (Halluzinogene).

Opiate: Plötzlich einschießendes Wohlgefühl (Euphorie). Bei Abhängigen wird häufig nur noch ein Abklingen der Entzugserscheinungen erreicht. Bei höherer Dosierung rasch Schläfrigkeit und Benommenheit.

Kokain: Bei mäßiger Dosierung tritt nach der Einnahme ein angenehm angeregter Zustand ein. Bei höheren Dosen sind Erregung, Verwirrtheitszustände sowie Sinnestäuschungen möglich.

Cannabis: Wohlig entspannende Wirkung. Bei höherer Dosierung oder bei entsprechender Disposition kann es zu Wahrnehmungsverzerrung, Fehlleistungen, auch ängstlichen Erregungszuständen kommen. Vorübergehender Verfolgungswahn möglich.

Halluzinogene: Die Folgen sind Veränderungen der Wahrnehmung, des Raum-Zeit-Erlebens. Panikzustände und völlige Fehleinschätzung der Situation, etwa Verfolgungswahn oder Größenwahn, kommen vor.

Amphetamine: Folgen sind Antriebssteigerung und Anregung, vorübergehende Leistungssteigerung und verminderte Ermüdbarkeit. Unrast, Erregung, Zustände der Verwirrung und Sinnestäuschung können auftreten.

Barbiturate: Müdigkeit bis Schlaf, bei Gewöhnung oder bei Wirkungsumkehr Überwachheit und Enthemmung; Rauschzustände mit erhöhter Fremd- und Selbstgefährdung; Verminderung der Konzentration, Einschränkung der Wahrnehmung und der Reaktionsfähigkeit.

Alkohol: Im Rausch Kritik- und Urteilsschwäche, Selbstüberschätzung, Wahrnehmungsstörungen, Einschränkung des Blickfeldes. Häufig Wegfall der Hemmungen, Auftreten von Gewalttätigkeit oder Depression.

Nikotin: Leicht stimulierende Wirkung, erst bei höheren Dosen dämpfend, mit Verminderung der Aufmerksamkeit und Konzentration.

Tranquilizer: Bei therapeutischer Dosierung Lösung von Verkrampfung und Verstimmung; Schlafanstoß; bei höheren Dosen Störungen von Konzentration und Reaktionsfähigkeit.

4. Physische Folgen bei Dauergebrauch

Bei der Beurteilung der körperlichen Gefahren muß berücksichtigt werden, bis zu welchem Grad der Drogenkonsum mit einer allgemeinen Vernachlässigung des Körpers verbunden ist, die oft mit verminderten Abwehrkräften einhergeht.

Opiate: Allgemeine Verminderung der körperlichen Abwehrkräfte, vor allem gegen Infektionskrankheiten. Hingegen keine systematischen Zerstörungen bestimmter Organsysteme. Wenn Opiate intravenös gespritzt werden, kommt es durch unsteriles Vorgehen und durch unkontrollierte Beimischungen oft zu Verstopfung von Blutgefäßen, Schock durch körperliche Abwehrreaktion sowie zu schweren Leberentzündungen (Hepatitis) und zu HIV-Infektion.

Kokain: Abnahme der körperlichen Abwehrkräfte und Leistungsfähigkeit. Schädigung von Nasenschleimhaut und Nasenscheidewand (durch Schnupfen des Stoffes).

Cannabis: Die bekannten Raucherschäden, vor allem Störungen der Lungenfunktion, chronische Bronchitis und Lungenkrebs. Über sonstige schädliche Auswirkungen ist noch nichts Sicheres bekannt.

Halluzinogene: Spezifische körperliche Schäden sind nicht bekannt.

Amphetamine: Schlafstörungen und verminderte körperliche Abwehrfähigkeit.

Barbiturate: Nicht selten Gleichgewichts- und Sprechstörungen. Auch möglich sind Leberfunktionsstörungen und Knochenmarkschädigungen mit Blutveränderungen.

Alkohol: Wirkt als Gewebegift auf das gesamte Nervensystem (Auftreten von Lähmungen und Beeinträchtigung der Hirnleistung) sowie auf die Leber (Leberverhärtung), auf den Magen (Magengeschwür) und auf das Herz (Herzmuskelschäden).

Nikotin: Chronische Schleimhautreizungen im Rachen- und Lungenbereich, damit erhöhte Anfälligkeit für Infektionen (Bronchitis) und Lungenkrebs. Schädigung der Blutgefäßwände und Durchblutungsstörungen können zur Zerstörung von Gewebe und ganzen Organen führen (Raucherbein, Herzinfarkt).

Tranquilizer: Störungen im Bereich der vegetativen Regulation möglich (Schwindel, Verstopfung u.a.).

5. Psychische Folgen bei Dauergebrauch

Im Vordergrund der langfristigen psychischen Folgen steht bei fast allen Drogen die sogenannte suchtbedingte Wesensveränderung, die sich in der Veränderung von psychischen Funktionen wie Aufmerksamkeits- und Konzentrationsfähigkeit, Durchhaltevermögen, intellektuelle und andere Leistungsfähigkeit äußert. Sie sind zum Teil durch die Giftwirkung bedingt, zum Teil aber auch durch die psychischen und sozialen Folgeerscheinungen der Sucht.

Opiate: Relativ rasch eintretende suchtbedingte Wesensveränderung. Ausgeprägte Beeinträchtigung durch körperliche und psychische Entzugserscheinungen, die auftreten, sobald die gewohnte Morphinwirkung ausbleibt.

Kokain: Suchtbedingte Veränderungen der Persönlichkeit sind häufig und treten relativ rasch auf. Chronische Vergiftungspsychosen kommen vor.

Cannabis: Suchtbedingte Veränderungen der Persönlichkeit sind möglich, um so eher, je häufiger und in je konzentrierterer Form Cannabis konsumiert wird.

Halluzinogene: Die Ausbildung einer suchtbedingten Wesensveränderung ist bei der derzeitigen Verwendungsart selten.

Amphetamine: Starke suchtbedingte Wesensveränderungen sind nicht selten. Risiko langdauernder Zustände von Verfolgungswahn, die unter Abstinenz zurückgehen können.

Barbiturate: Das hohe Abhängigkeitspotential führt verhältnismäßig häufig und rasch zu suchtbedingter Wesensänderung: Gleichgültigkeit, Interesselosigkeit, Leistungseinbuße. Im Entzug kommt es oft zu Verwirrungszuständen.

Alkohol: Im Vordergrund steht die suchtbedingte Wesensänderung, wobei der intellektuelle Abbau bis zu Zuständen eigentlicher Verblödung gehen kann. Die Wahrscheinlichkeit dieser Folgen ist individuell verschieden, aber grundsätzlich um so größer, je mehr und je häufiger konsumiert wird. Als Folge chronischen Alkoholismus können auftreten: Delirium tremens (sogenannter Säuferwahnsinn), dauernde Sinnestäuschungen, Eifersuchtswahn u.a. Sie sind zum Teil unter Abstinenz wieder heilbar.

Nikotin: Allenfalls verminderte Leistungsfähigkeit und erhöhte Ermüdbarkeit bei chronischem Mißbrauch.

Tranquilizer: Durch Sucht bedingte Wesensveränderungen kommen vor.

6. Soziale Auswirkungen

Die sozialen Auswirkungen sind nur bedingt eine Folge der pharmakologischen Eigenschaften von Drogen. Eine nicht zu unterschätzende Rolle spielt die gesellschaftliche und kulturelle Einbettung sowie die Reaktion der Gesellschaft. Ebenfalls wesentlich sind Wirkungsdauer der Droge, Grad der Abhängigkeit, die toxische Wirkung auf das Zentralnervensystem (z.B. mit Verminderung der Aufnahme- und Leistungsfähigkeit) und Persönlichkeitsfaktoren des Konsumenten.

Opiate: Verhältnismäßig häufig sind – mitunter in schwerstem Ausmaß – soziale Verwahrlosungserscheinungen. Die Beschaffungs- und Begleitkriminalität, die den Nachschub des Stoffes sichern soll, hängt in erster Linie mit den hohen Preisen und der Illegalität der Droge zusammen.

Kokain: Soziale Folgeerscheinungen sind vor allem die Auswirkungen der verminderten Konzentrations- und Leistungsfähigkeit, aber auch des verminderten Verantwortungs- und Pflichtgefühls. Gelegentlich kommen auch Verwahrlosungserscheinungen und Erwerbsunfähigkeit vor.

Cannabis: Unerwünschte soziale Folgen sind eher die Ausnahme. Inwieweit es sich dabei um eine direkte Folge des Cannabiskonsums handelt und wieweit um eine Folge der gesellschaftlichen Reaktion auf diesen Konsum, ist umstritten.

Halluzinogene: Unerwünschte soziale Folgeerscheinungen werden sehr selten beobachtet.

Amphetamine: Bei einem ausgeprägten Suchtverhalten besteht das hohe Risiko von sozialer Verwahrlosung infolge verminderter Leistungsfähigkeit, Reizbarkeit und/oder Gleichgültigkeit.

Barbiturate: Bei einer suchtbedingten Wesensänderung kommt es zu entsprechenden sozialen Folgen mit Verlust der Erwerbsfähigkeit und allenfalls Delinquenz.

Alkohol: Bei einer suchtbedingten Wesensänderung kommt es häufig zu schwerwiegenden sozialen Auswirkungen mit beruflichem Abstieg bis zur langfristigen Hospitalisierungsbedürftigkeit. Außerdem führt der chronische Alkoholismus vermehrt zu Unfällen, Krankheitsanfälligkeit, Beziehungsstörungen usw.

Nikotin: Soziale Folgen wegen körperlicher Minderleistung und eventueller Invalidität.

Tranquilizer: Alle sozialen Folgeerscheinungen suchtbedingter Wesensveränderung einschließlich Verwahrlosungszuständen sind möglich.

7. Symptome der Überdosierung

Ein Vergleich der körperlichen Gefahren der akuten Vergiftung wird dadurch erschwert, daß das Risiko meistens dosisabhängig ist. Bei intravenöser Einspritzung von Opiaten tritt eine tödliche Überdosierung häufiger auf als bei anderen Formen des Drogenkonsums. Die geringsten Risiken in dieser Hinsicht bieten Cannabis und Halluzinogene sowie Tabak. Bei der Mehrzahl der beschriebenen Drogen spielt die Atemlähmung bei Überdosis eine Rolle.

Opiate: Hauptgefahr sind lähmende Wirkungen auf das Atemzentrum, die – je nach Dosis – tödlich sein können. Auch Lungenschädigungen werden beschrieben.

Kokain: Im Fall akuter Vergiftung ist bei Überdosierung Tod durch Atemlähmung möglich. Bei geringer Dosierung können Störungen des Blutdrucks und der Atmung und Krampfanfälle auftreten.

Cannabis: Abhängig von Dosierung und Konzentration des Wirkstoffes Störung im Bereich der Herztätigkeit oder des Magen-Darm-Bereichs, Reizung der Bronchialschleimhaut. Keine Lebensgefährdung belegt.

Halluzinogene: Keine sicheren körperlichen Folgen der akuten LSD-Vergiftung bekannt.

Amphetamine: Veränderungen von körperlichen Funktionen (u.a. Blutdruckerhöhung, vermehrte Atemtätigkeit, Temperaturerhöhung), bei höherer Dosierung (starke individuelle Unterschiede) auch Krampfanfälle oder Tod.

Barbiturate: Dämpfung des zentralen Nervensystems, bei höherer Dosis stark einschläfernde Wirkung. Überdosierungen führen zu Atemlähmung und Tod, auch zu langdauernden Lähmungen.

Alkohol: Störungen im Bereich der Kreislaufregulation, der Herztätigkeit, auch Störungen des Gleichgewichtssinnes und des Sprechvermögens. Bei höherer Dosierung Tod durch Atemlähmung.

Nikotin: Wirkungen auf das vegetative Nervensystem (Herz/Kreislauf, Magen/Darm). Beeinträchtigt Sauerstoffversorgung vor allem im Gehirn und am Herz. Bei Überdosierung Krämpfe, denen Atemlähmung folgen kann (durch normale Inhalation nicht möglich).

Tranquilizer: Vor allem in höheren Dosen erfolgt eine dämpfende Wirkung auf das Zentralnervensystem; bei Überdosierung tritt Tod durch Atemlähmung ein.

8. Sonderformen von Sucht

Grundsätzlich kann jede Richtung menschlichen Interesses zu einer Sucht werden. Die ursprüngliche Intention eines Interesses oder auch eines Lebensstils in Richtung einer Selbstverwirklichung gehen dabei verloren. Es sei in Erinnerung gerufen, daß das Wort Sucht mit „siech" zusammenhängt und Krankheit meint (z.B. Gelbsucht, Schwindsucht, Magersucht). Eine zweite Bedeutung beinhaltet einen moralischen Aspekt, nämlich den eines Charakterfehlers oder eines Lasters (z.B. Eifersucht, Habsucht). Bisweilen wird auch von Gier gesprochen, etwa bei Machtgier.

Die häufigste Sucht mit Substanzgebrauch ist hierzulande wohl die Kaffeesucht. Alles, was seltener beobachtet wird, wie etwa das Schnüffeln, läuft Gefahr, übersehen zu werden. Selten sind etwa die Brandstiftersucht, die Wandersucht, weniger selten die Stehlsucht, viel häufiger eine TV-Sucht – wiewohl sich die Frage stellt, wieweit es sinnvoll ist, alles, was ins Maßlose ausufern kann, auch als Sucht zu bezeichnen.

Macht *Koffein* süchtig? Einem alten Lehrbuch der Medizin ist zu entnehmen: „Der Kranke beginnt zu zittern, verliert die Selbstbeherrschung und erleidet abwechselnd Anfälle von Depressionen und Agitiertheit. Er wird blaß und sieht elend aus. Der Appetit läßt nach, und es können die Symptome eines Magenkatarrhs auftreten. Auch das Herz ist in Mitleidenschaft gezogen, es schlägt heftig und setzt zeitweise aus. Wie auch bei anderen Mitteln bringt eine erneute Verabreichung vorübergehend Besserung, allerdings um den Preis eines noch größeren spateren Elends." Koffein, ein in der Natur vorkommendes Methylxantin, kennt und verwendet der Mensch seit Jahrtausenden in Form von Kaffee, Tee, Kakao und in neuerer Zeit als Cola-Getränk. Viele allgemein gebräuchliche Arzneimittel, vor allem Schmerzmittel, enthalten beträchtliche Mengen an Koffein. Bei nicht gewohnheitsmäßigem Kaffeetrinken rufen hohe Einzeldosen (in der Größenordnung von etwa 500 mg) Angstzustände oder Nervosität hervor. Regelmäßige Kaffeetrinker, die sich daran gewöhnt haben, glauben an die leistungssteigernde und aufputschende Wirkung des Koffeins. Koffeinvergiftungen kommen vor und äußern sich in Unruhe, Nervosität, Erregung, Schlaflosigkeit, auch in unzusammenhängendem Reden, Gedankenflucht und sogar in Herzrhythmusstörungen. Wenn man nicht damit vertraut ist, werden die Symptome einer Koffeinvergiftung öfter falsch interpretiert. Führt Kaffee also zur Abhängigkeit? Bei der überwiegenden Mehrheit der Kaffeetrinker ist eine Toleranzentwicklung und mehr oder weniger ausgeprägte Abhängigkeit vorhanden. Beim Absetzen des gewohnheitsmäßig getrunkenen Kaffees treten Schlaffheit, Müdigkeit, Reizbarkeit auf. Bei erneutem Kaffeegenuß tritt bereits bei kleineren Dosen der ursprüngliche Effekt wieder ein.

Das *Schnüffeln von Schnüffelstoffen*, zum Beispiel von Pattex, Fahrradklebern, Fleckentfernern und Lackverdünnern, wird vor allem bei Jugendlichen beobachtet. Halogenierte aliphatische sowie aromatische Kohlenwasserstoffe stehen dabei an der Spitze. Die mit Lösungsmittelbestandteilen vergifteten Kinder und Jugendlichen werden in ihrer Umgebung durch einen Zustand auffällig, der dem einer Volltrunkenheit ähnelt. Gleichgewichtsstörungen, weit gestellte Pupillen, Reizerscheinungen des Nasen- und Rachenraumes sowie eine verworrene Sprache sind charakteristisch. Längerfristiger Gebrauch führt zu ernsthaften Erkrankungen verschiedener Organe. Aufgrund ihrer hohen Fettlöslichkeit wirken die Lösungsmittel besonders stark auf das zentrale und periphere Nervensystem. Todesfälle wurden beobachtet.

Zu den nicht substanzbezogenen Suchtformen gehören heute insbesondere die Eßstörungen. Die *Anorexia nervosa* beginnt meist im Jugendalter, kann aber weit darüber hinaus bis ins Erwachsenenalter bestehen bleiben oder erneut auftreten. Betroffen sind deutlich mehr Mädchen als Jungen. Gewichtsverlust und Störung des Körperschemas (Diskrepanz von subjektivem und objektivem Körperbild), Amenorrhoe (Ausbleiben der Monatsblutung) und Obstipation (Verstopfung) gehören zum Krankheitsbild. Die Gewichtsabnahme wird in der Regel durch Verweigerung von Nahrungsaufnahme erreicht, aber auch durch selbstinduziertes Erbrechen und Einnahme von Abführmitteln oder harntreibenden Medikamenten oder durch übertriebene Aktivitäten angestrebt. Die Anorexie beginnt manchmal nach einer Abmagerungskur wegen angeblicher oder tatsächlicher Fettsucht. Die Ursachen sind psychogen, häufig ist ärztliche und psychotherapeutische Behandlung erforderlich.

Bulimie (Eß-Brech-Sucht) ist der meist episodisch auftretende unwiderstehliche Drang, große Mengen Essen zu sich zu nehmen, in dem Bewußtsein, daß dieses Eßverhalten anormal ist. Nach den bulimischen Anfällen, gegen die die Betroffenen willentlich nichts unternehmen können, folgt meist ein selbstinduziertes Erbrechen und eine nachfolgende depressive Verstimmung mit Selbstvorwürfen. Es werden überwiegend hochkalorige, leicht aufzunehmende Speisen, gelegentlich auch unappetitlich zusammengemischte Speisen verschlungen. Anders als bei den Anorexie-Patientinnen liegt das Gewicht der an dieser Eßstörung Leidenden meistens im Normbereich. Manchmal betreiben die Betroffenen zusätzlich einen Medikamenten- oder Alkoholmißbrauch.

Fettsüchtige essen, ohne hungrig zu sein. Sie essen auch außerhalb der üblichen Mahlzeiten, können in Gegenwart anderer kontrolliert essen, verlieren aber jedes Maß, wenn sie allein sind. Schuldgefühle nach übermäßigem Essen sind selten. Häufig wird daran festgehalten, daß man aus eigener Kraft Diät halten könne, wann immer man wolle. Die Fettsucht ist eine häufige Krankheit, und sie ist wesentlich am Auftreten von Folgeerkrankungen wie Diabetes, Gicht, Blutdruckstörungen und Arteriosklerose beteiligt. Hilfreich sind neben einer Diätbehandlung Verhaltenstherapie oder Psychotherapie.

Zu den Suchtformen ohne Substanzgebrauch zählt die *Spielsucht*. Während sich zwei Drittel aller befragten Bundesdeutschen an Lotteriespielen beteiligen, spielt nur 1% der Befragten an Geldspielautomaten in Spielhallen und Gaststätten. Die Nachfrage nach Glücksspielen wie Roulette ist – gemessen an der Gesamtbevölkerung – gering, doch dürfte es einen harten Kern von Gewohnheitsspielern geben. Angaben über regelmäßige Spieler in Spielbanken sind nicht erhältlich. In den Jahren 1984 bis 1990 soll sich das Spielverhalten nicht verändert haben. Der Umsatz bei Glücksspielen ist beträchtlich und beläuft sich angeblich auf über 15 Mrd. DM. Die Bürger der Europäischen Gemeinschaft sollen 1989 für Glücksspiele sogar 92 Mrd. DM ausgegeben haben. Der Glücksspielmarkt nimmt den 13. Rang unter den europäischen Wirtschaftsbranchen ein und rangiert noch weit vor der Computerindustrie sowie dem Werft- und Schiffsbau. Die Belastung der regelmäßigen Spieler in psychischer und sozialer Hinsicht ist enorm. Psychosoziale Folgeschäden treten in der Regel erst relativ spät auf, weil die Akzeptanz einer Behandlungsbedürftigkeit klein ist und körperliche Beeinträchtigungen kaum auftreten. Eine überwiegende Zahl der Betroffenen kommt wahrscheinlich nie zu einer Beratung bzw. zu einer Behandlung. Die Existenz von Selbsthilfegruppen wie „Gamblers Anonymons" ("Anonyme Spieler"), die sich nach dem Vorbild der "Anonymen Alkoholiker" gebildet haben, zeigt aber, daß von Betroffenen selbst das Glücksspiel als Sucht angesehen wird.

V. Epidemiologie

Zahlen über die Verbreitung des Suchtmittelgebrauchs in der Bevölkerung haben etwas Beunruhigendes. Sie lösen zu Recht Unbehagen aus, weil sie keine tatsächlichen Konsequenzen im Handeln oder im Verhalten nach sich ziehen. Trotz oder gerade wegen dieser Vorbehalte gegenüber Zahlen benötigen wir methodisch einwandfrei konzipierte und kontinuierlich durchgeführte epidemiologische Untersuchungen. Sie sollten, adäquat referiert und mit sinnvollen Maßnahmen gekoppelt, auch im Bewußtsein des Bürgers ihren Platz finden können.

1. Drogen: Ausmaß und Bewertung

Die Daten, die über den *Konsum illegaler Drogen* in den Bevölkerungen europäischer Länder zur Verfügung stehen, sind häufig unvollständig und sie sind nicht immer untereinander vergleichbar. Manchmal beziehen sich die Untersuchungen auf einen Teil der Bevölkerung (auf Schüler, Studenten, begrenzte geographische Bereiche u.a.), benützen unterschiedliche Methoden (telefonische Befragung, selbst auszufüllender Fragebogen oder direkte Interviews u.a.), die Stichproben sind wenig oder überhaupt nicht repräsentativ für die untersuchte Gruppe; die Erhebung der Daten erfolgt häufig weder systematisch noch regelmäßig; die Listen oder Einteilungen der Substanzen, deren Konsum ermittelt werden soll, sind nicht immer dieselben, oder die Einteilung der Altersgruppen ist unterschiedlich.

In *Großbritannien* wurden auf nationaler Ebene nur wenige Studien durchgeführt. Eine Sammlung von Daten über Rechtsverstöße ergab: 5% der Befragten hatten im Laufe ihres Lebens Cannabis eingenommen (7% der Männer, 4% der Frauen), davon 2% in den vorangegangenen 13–14 Monaten. In der Altersgruppe der 20–29jährigen gaben 17% der Männer und 9% der Frauen an, während ihres Lebens Cannabis eingenommen zu haben.

In *Deutschland* wird seit 1982 alle 4 Jahre eine bundesweite Erhebung durchgeführt. Aus einer Repräsentativ-Stichprobe von 20700 Personen (rund 18500 aus den alten Bundesländern, rund 2200 aus den neuen Bundesländern) im Alter von 12–39 Jahren ergab sich folgendes: 16,3% der Personen in den alten Bundesländern gaben an, wenigstens einmal in ihrem Leben eine illegale Droge eingenommen zu haben, gegenüber von nur 1,5% in den neuen Bundesländern. Der nach Substanzen eingeteilte Drogenkonsum ergab für die alten Bundesländer: 10,5% haben mindestens einmal Cannabis benützt, 1,8% Stimulantien, 0,8% Kokain und 0,9% Opiate. Der gegenwärtige Konsum (d.h. über die letzten 12 Monate) ergab für die gesamte Stichprobe: 3,9% Cannabis, 0,3% Stimulantien, 0,3% Kokain und 0,2% Heroin.

In *Schweden* stehen mehrere nationale Studien zur Verfügung, die mehr oder weniger regelmäßig unter Schülern der 9. Klasse, jungen Rekruten und Jugendlichen und jungen Erwachsenen von 12–24 Jahren durchgeführt werden. Ziel ist es, Tendenzen im Konsum illegaler Drogen festzustellen. Die Daten von 1988 zeigen, daß rund 6% der jungen Rekruten (18 Jahre) angeben, wenigstens einmal in ihrem Leben (nicht weiter spezifizierte) Drogen genommen zu haben. Für die Schüler im Alter von 16 Jahren liegt dieser Anteil bei 3%.

In den *Niederlanden* ergab eine Befragung unter der Amsterdamer Bevölkerung ab 12 Jahren über auf die Lebenszeit und die Gegenwart, d.h. auf die vergangenen 12 Monate bezogenen Drogenkonsum die folgenden Resultate: Cannabis: 24,1% Lebenszeitkonsum resp. 9,8%; Kokain: 5,3% resp. 1,3%; Opiate: 7,2% resp. 1,9%; Amphetamine: 4% resp. 0,5% und Halluzinogene: 3,9% resp. 0,3% (Ministry of Welfare, Health and Cultural Affairs and Ministry of Justice, 1991). Dabei ist darauf hinzuweisen, daß der Drogenkonsum in den städtischen Gebieten größer ist als in ländlichen Gegenden. Aus einer nationalen Studie, die im Jahre 1988/89 in den Schulen mit Jugendlichen im Alter von 12–18 Jahren durchgeführt worden war, fanden sich folgende Zahlen: Lebenskonsum und im vorausgegangenen Monat stattgefundener Konsum illegaler Drogen: 15,3% resp. 5%; für Cannabis: 10% resp. 4,6%; für Kokain: 1 % resp. 0,3% und für Heroin: 0,6% resp. 0,3%.

In *Frankreich* wurden 1990, 1991 und 1992 Repräsentativ-Erhebungen in Form von persönlichen Befragungen von jeweils rund 1000 Personen im Alter von 12 bis 50 Jahren durchgeführt. Diese Erhebungen ergaben die folgenden Ergebnisse: 1990 gaben 27% der Befragten an, schon Haschisch oder einen Joint geraucht zu haben, während dieser Prozentsatz 1991 und 1992 nur noch 21% betrug. Der Anteil der Personen, die schon ein anderes Rauschmittel genommen hatten, fiel von 6% im Jahre 1990 auf 5% im Jahre 1991 und auf 3% im Jahre 1992. Daneben ergab eine zwischen September 1991 und Februar 1992 telefonisch durchgeführte Erhebung, die Personen im Alter von 18–69 Jahren umfaßte, daß 14,5% der Männer und 9,4% der Frauen wenigstens einmal in ihrem Leben eine harte oder weiche Droge eingenommen und daß 0,5% der Männer und 0,2% der Frauen sich ein Rauschmittel intravenös gespritzt hatten.

In der *Schweiz* gibt es verschiedene Untersuchungen, mit denen landesweit und regional dem Gebrauch illegaler Drogen nachgegangen wurde. Für die Altersgruppe der 15/16jährigen ergaben sich 1986 und 1990 praktisch identische Zahlen für den Lebenszeit-Konsum resp. den gegenwärtigen Konsum. Für 1986 betrugen diese Zahlen für Cannabis 11,0% resp. 7,3% und 1990 10,2% resp. 5,9%; für Opiate 1986 0,7% resp. 1,7% und für 1990 0,7% resp. 0,3%; für Kokain 1986 1,3% resp. 0,2% und 1990 0,8% resp. 0,3%. Eine 1991 durchgeführte Erhebung, die die Altersklasse 21–45 Jahre umfaßte, ergab Prävalenzraten für Cannabis von 15,9%, für Heroin von 1,2%, für Kokain von 2,3%, für Amphetamine von 0,8%, für Halluzinogene von 1,6%.

In *Spanien* wurden in den Regionen Kastilien und León Erhebungen durchgeführt. Sie zeigen hohe Prävalenzraten für Cannabis: 30% Lebenszeit-Konsum und 13,6% Konsum über die vergangenen 13 Monate. Für Kokain betrugen die entsprechenden Werte 5,4% resp. 2,9%, für Heroin 1,5% resp. 0,5%.

In den *USA* werden regelmäßig Erhebungen in Schulen (Highschools) und Haushalten (Household Service) durchgeführt. In der Haushaltserhebung von 1990 erklärten 37% der Untersuchten im Alter von 12 Jahren und älter, wenigstens einmal im Leben ein illegales Rauschmittel eingenommen zu haben, 13,3% davon im vergangenen Jahr. Cannabis war von 33,1 % der Befragten wenigstens einmal in ihrem Leben konsumiert worden. 10,2% hatten diese Droge in den vergangenen 12 Monaten eingenommen. 11,3% der gesamten Befragten hatten schon mindestens einmal in ihrem Leben Kokain versucht, wobei unter den 25–34jährigen dieser Anteil mit 25,6% am höchsten lag. 3,1% der Personen erklärten, daß sie im Laufe des vergangenen Jahres Kokain eingenommen hatten.

Diese Zahlen machen deutlich, daß der Gebrauch, insbesondere von Cannabis, in einzelnen Ländern wie den Niederlanden, der Schweiz und Spanien höher liegt; im Trend gilt dies bezüglich der sogenannten „harten" Drogen auch für Kokain, während der Gebrauch von Heroin keine so deutlichen Unterschiede aufweist. Hier ist allerdings zu vermerken, daß mit den gängigen Erhebungstechniken „Randgruppen"-Angehörige wie Heroinkonsumenten schwerlich erfaßt werden.

Unter den Drogenkonsumenten gibt es unterschiedlichste *Konsummuster*. Der größere Teil der Konsumenten probiert einige Male und sistiert den weiteren Gebrauch. Es muß also zwischen Probier- bzw. experimentellem Konsum, Gelegenheitskonsum und gewohnheitsmäßigem oder sogar regelmäßigem Konsum differenziert werden. Auch wenn Opiate und Kokain ein höheres Abhängigkeitspotential aufweisen, ist auch bei diesen Stoffgruppen bekannt, daß ein größerer Teil der Konsumenten den Gebrauch aufgibt, während ein kleiner Teil Personen umfaßt, die sporadisch konsumieren oder regelmäßige Drogenbenützer werden. Man muß sich in jedem Falle vor Augen halten, daß derartige Konsummuster über die Zeit variieren können, d.h. daß eine Person im Extremfall auch Jahre nach einem Erstkonsum erneut Erfahrungen sucht oder sogar in abhängiger Weise konsumiert und umgekehrt, daß Menschen mit einem regelmäßigen Drogengebrauch diesen wieder beenden. Wesentlich an dieser Sichtweise der Konsummuster ist, daß neben einer oft beschriebenen und ernst zu nehmenden negativen Auswirkung des Drogenkonsums auch problembewältigende oder sogar die Entwicklung des Selbst gewissermaßen fördernde Komponenten gesehen werden. Da auch regelmäßige Drogenbenützer sich einer vergleichsweise guten psychosozialen Gesundheit erfreuen können, erscheint es für das Umfeld manchmal wichtig, keine problemverschärfenden Reaktionen zu zeigen. Da der Cannabisgebrauch deutlich verbreiteter ist als der Konsum von Heroin oder Kokain und die Chance der Kontaktnahme mit Cannabiskonsumenten sehr viel größer ist bzw. der Cannabisgebrauch – wenigstens über bestimmte Lebensabschnitte hinweg – ein integrierter Lebensbestandteil sein kann, seien einige Ergebnisse bezüglich der Risikoabschätzung des Gefährdungspotentials von Cannabis zusammengefaßt.

Jugendliche, die stark in ein drogenkonsumierendes Netzwerk Gleichaltriger eingebunden sind und die ihre Unterstützung vor allem von dort erfahren, weil sie weniger elterliche Unterstützung haben, gelten als drogengefährdet.

Zur Fortsetzung des Cannabiskonsums kommt es vor allem dann, wenn der Probierer gute Erfahrungen mit dem Konsum gemacht hat, die Substanz verfügbar ist und weitere Konsumenten vorhanden sind.

Gewohnheitskonsumenten beginnen altersmäßig frühzeitig; für den Übergang zu einem regelmäßigen Cannabiskonsum spielen die Qualität der Beziehung zur Familie, der Einfluß der Bezugsgruppe sowie Persönlichkeitsdispositionen im Sinne auch von Neigung zu Angst, Depressivität, Mangel an sozialer Kompetenz und emotionale Labilität eine Rolle.

Jugendliche mit ausgeprägtem Selbstwertgefühl stellen den begonnenen Cannabiskonsum ein, insbesondere dann, wenn Motive für die eigene Selbstwertentwicklung zum Tragen kommen können.

2. Drogen und Aids

Drogenabhängige sind eine Hauptrisikogruppe für eine HIV-Infektion. Je nach Stichproben sind 15–25% der Drogenabhängigen infiziert; je nach Einzugsgebiet oder Institution können diese Prozentsätze außerordentlich stark variieren. Ungefähr 20 000 intravenöse Drogenkonsumenten sind in Europa an Aids erkrankt; dies ist gut ein Drittel aller in Europa gemeldeten Aidsfälle. Obgleich Hochrechnungen problematisch sind, würden bei einer allgemein angenommenen Gesamtzahl von ca. 80 000 Drogenkonsumenten und einer geschätzten Infektionsrate von 20% rund 16 000 infizierte Drogenabhängige in der BRD leben. Diese Zahlen verdeutlichen das Risiko eines Drogenabhängigen, sich über den gemeinsamen Gebrauch des Spritzbestecks oder über Sexualkontakte zu infizieren. Der Gefahr einer weiteren Ausbreitung von HIV durch Nadeltausch wird heute in den meisten europäischen Ländern durch eine aktive Strategie der Gesundheitsbehörden begegnet. Durch die Verfügbarkeit von Spritzen und Nadeln hat sich bezüglich des Nadeltauschens eine bessere Praxis entwickelt. Viele Drogenabhängige vermeiden Nadeltausch („needle-sharing"), immer noch wenige weisen ein angemessenes Reinigungsverhalten des Spritzenbestecks auf, weshalb in einer Reihe von Ländern nicht nur Nadeln, sondern Spritzen mit Nadeln abgegeben werden. Die Verhaltensmodifikation im sexuellen Bereich zum Schutz vor einer sexuellen Transmission von HIV ist immer noch sehr ungenügend. Nur ca. 15% der Drogenabhängigen, d.h. etwa gleich viele wie in der Allgemeinbevölkerung, verwenden Kondome. Insbesondere innerhalb fester Partnerschaften ist der Gebrauch von Kondomen selten. Da sich die Aids-Prävention bei Drogenabhängigen speziell auf den Drogenaspekt konzentriert hat, wurden Themen im Bereich der Sexualität („safer sex") weniger oder ungenügend angegangen, während dieser Aspekt bei Nicht-Drogenkonsumenten im Vordergrund steht.

3. Das Problem des Rauchens

Einerseits bezeichnen sich heute viele Raucher als abhängig. Andererseits muß man festhalten, daß es beim Rauchen nicht um eine Abhängigkeit geht, die bis zur Beschaffungskriminalität führt. Rauchen ist nicht mit einem sozialen Abstieg verbunden, und die Schädigung betrifft – abgesehen vom Passiv-Rauchen – vor allem das betroffene Individuum, während der intoxikierte Alkoholabhängige oder die Person unter Einfluß bestimmter psychoaktiver Substanzen wie Kokain, Amphetamin oder Halluzinogenen auch fremdgefährlich sein kann. Das Problem des Rauchens ist weniger unter dem Aspekt der Abhängigkeit als unter jenem der Gesundheitsschädigung zu sehen. Wenn ich mein Herz gern habe, rauche ich nicht. Lebenslaufbezogene Untersuchungen haben ergeben, daß sich das Rauchen vor allem über bestimmte Phasen des Lebens erstreckt, heute bereits in der Jugend beginnt und meist in der Lebensmitte endet. Für das Aufhören sind oft eine Vielzahl von Anläufen zu nehmen, die in unterschiedlichem Maße fremd- oder selbstmotiviert sind und mit oder ohne Therapie oder Hilfsmittel ablaufen.

Man kann heute teilweise geradezu von einer Feindseligkeit gegen Raucher sprechen. Rauchen wird als Selbstverstümmelung, als Selbstmord auf Raten, als Drogengenuß oder sogar als Drogensucht verstanden und die Inhalation nikotin- und teerhaltiger Produkte sowohl als Innenwelt- wie als Umweltverschmutzung interpretiert. 20 Zigaretten pro Tag ergeben am Ende eines Jahres eine Tasse Teer; 20 Zigaretten über 20 Jahre täglich ergeben für die Lunge soviel Teerstoffe, wie in 10 Briketts mit 1,8 kg Teer enthalten sind, und zusätzlich 6 kg Rauchstaub. Was heißen solche Zahlen für einen Schüler, was heißen sie für einen 50jährigen Mann? Der Schüler steht am Anfang seiner Entwicklung, er kann das Ausmaß dieser Zahlen nicht ermessen, kann sich mit diesen Zahlen nicht identifizieren; für den 50jährigen Mann kommen sie zu spät, seine Lebenserwartung ist kurz. Förderung des Nicht-Rauchens muß von einem positiven Gesundheitsbegriff ausgehen und muß Kinder, Jugendliche und junge Erwachsene differenziert mit erlebnispädagogischen Ansätzen ansprechen und motivieren, Nicht-Raucher zu bleiben. Darum: wer sein Herz liebt, raucht nicht.

4. Arzneimittel und Medikamentenabhängigkeit – Verbreitung und Strategien der Bewältigung

Während im Bereich der illegalen Drogen häufig das Bild von der Spitze des Eisberges benützt wird, gilt dies bei den legalen Mitteln in fast analoger Weise. Auch hier ist der Weg von der Produktion bis zum Endverbraucher weit und kompliziert. Auch hier werden Zahlen „umgesetzt", deren Verbindlichkeit zu hinterfragen ist. Bekannt sind die Produktionsverhältnisse, und insbesondere im Bereich der Psychopharmaka liegen definierte und operationalisierte, verbindliche Schritte vor, wie der Weg vom Produzenten zum Konsumenten international und national – eingeteilt nach Stoffklassen unterschiedlicher Gefährdungsgrade – kontrollierbar ist. Ein Problem der Verschleierung ist durch den internationalen Handel gegeben; durch Ausfuhr der Länder und in Länder, die keinem internationalen Kontrollabkommen unterliegen, liefen in der Vergangenheit bestimmte Präparate immer wieder Gefahr, in einen Graumarkt zu entgleiten.

Bezüglich des Marktvolumens der 15 wichtigen Arzneimittelgruppen machen Psychopharmaka (inkl. Schlaf- und Beruhigungsmittel) 4,6% und Schmerzmittel 3,3% aus. Obwohl sich in den letzten Jahren aus Sicht der Forschung und der klinischen Praxis bei den Schmerzmitteln ein Trend zur Verwendung von sogenannten Monosubstanzen entwickelt hat, stehen immer noch Kombinationsschmerzmittel an erster Stelle. Wie weit bei den führenden Kombinationspräparaten das darin enthaltene Koffein oder aber die für derartige Spitzenprodukte auffallend intensive Werbung (in der Laienpresse, im Fernsehen und sogar auf der Rückseite von Fahrkarten) verantwortlich ist, muß offen bleiben. In der Schweiz wurde bereits Ende der 60er Jahre in einem Gentleman Agreement von den Herstellern auf Publikumsreklame für Schmerzmittel verzichtet.

Die Gruppe der Benzodiazepin-Präparate bildet den größten Anteil an Medikamenten, die in gängiger Weise als Beruhigungsmittel und Schlafmittel bezeichnet werden. Schätzungen über Gebrauch und Mißbrauch sind schwierig. Es soll in der Bundesrepublik ca. 600 000–700 000 „Langfrist-Konsumenten" geben. Darunter finden sich vor allem Frauen und Personen in höherem Lebensalter. Im folgenden sei auf die Menschen, die längerfristig und regelmäßig Arzneimittel mit einem Abhängigkeitspotential benützen, näher eingegangen.

Eine erhöhte Anfälligkeit für Störungen des unwillkürlichen Nervensystems, für Kopfschmerz, für Schlafstörungen und andere vegetative Störungen kann zur Tablettenabhängigkeit führen.

Ob und wann bei einer Befindlichkeitsstörung, z.B. bei Kopfweh, eine Schmerztablette eingenommen wird oder nicht, hängt nicht nur von der Art und Intensität des Schmerzes, sondern auch von Haltungen und Normen ab. Diese wiederum beeinflussen die Häufigkeit wahrgenommener Befindlichkeitsstörungen. So äußerten Studienanfänger im Fach Medizin im Verlaufe der 1970er bis zu den 1980er Jahren eine Abnahme von Befindlichkeitsstörungen. Die Antizipation späterer Leistungsanforderungen und härterer Wettbewerbsbedingungen führten möglicherweise zu einer verstärkten Abwehr allfällig wahrgenommener Störbereiche.

Medikamente verändern das Befinden, sie lindern oder beseitigen nicht nur Symptome, sondern sie verursachen – je nach ihrer chemischen Zusammensetzung – psychoaktive Wirkungen, die als angenehm empfunden werden. Die Medikamente, die am häufigsten zu Abhängigkeit führen, sind Schmerz-, Beruhigungs- und Schlafmittel. Bei den Schmerzmitteln sind es insbesondere jene, die neben dem entzündungshemmenden Effekt noch einen psychoaktiven Wirkungsanteil haben (Koffein oder Kodein oder eine sedierende Beikomponente). Dieser Effekt bedingt bei wiederholter oder regelmäßiger Einnahme eine Gewöhnung mit nachfolgender

Dosissteigerung und Abhängigkeit. War früher diese Abhängigkeitsentwicklung vor allem Folge einer Selbstmedikation, ist die Abhängigkeit heute Folge jahrelanger Verordnungen von entsprechenden Medikamenten, vorwiegend bei Frauen und bei älteren Menschen.

Die Häufigkeit von Verordnungen von Beruhigungs- oder Schlafmitteln an ältere Menschen bedarf sorgfältiger Abwägung. Der alte Mensch erkrankt nicht nur monosymptomatisch an einer typischen Erkrankung. Häufiger ist das Auftreten diskreter Störungen und psychosozialer Belastungen, die in Wechselwirkung mit der Verschlechterung des psychischen Zustandes auch zur psychischen Dekompensation führen können. Dabei werden Ängste, depressive Verstimmungen, Schlafstörungen mobilisiert oder akzentuiert, die eine Pharmakotherapie nahelegen. Eine solche bringt kurzfristig Entlastung, längerfristig nicht selten eine Verschleierung und Chronifizierung der Störung, weil Gesamtbefinden, Tagesstruktur und Lebensqualität des Betroffenen therapeutisch ungenügend beachtet werden. Altern allein ist keine Krankheit, und wenn ein alter Mensch eine ärztlich indizierte Behandlung benötigt, sollte sich eine Verschreibung von Beruhigungs- oder Schlafmitteln auf das unbedingt Notwendige beschränken.

Ursache für den Mißbrauch von *Schmerzmitteln* sind vor allem chronisch rezidivierende Schmerzen, insbesondere Kopfschmerzen oder Spannungszustände, die auf seelische Konflikte folgen. Aufgrund der Wirkungszusammensetzung dieser Tabletten und insbesondere dann, wenn sie stimulierende und beruhigende Beikomponenten aufweisen, wird nach längerer Einnahme ein paradoxer Effekt im Sinne einer Anregung oder Leistungssteigerung empfunden. Dieser Effekt bindet die betroffene Person an das Medikament, insbesondere dann, wenn sich eine gewisse Depressivität entwickelt hat. Wir fanden in früheren Untersuchungen bei Personen, die schmerzmittelabhängig wurden, Merkmale einer nach außen gewandten Leistungsorientiertheit bei einer gleichzeitig erhöhten Empfindsamkeit mit Neigung zu Gefühlsabwehr, Ängstlichkeit und Depressivität. Die Leistungsorientiertheit äußerte sich in der

Erwartungshaltung, alles richtig und gut machen zu wollen, im Bedürfnis, Spannungen aus dem Wege zu gehen, auch in einer mangelnden Fähigkeit, sich durchsetzen zu können oder auch in Unentschlossenheit im Kontaktbereich, indem Kontakte zwar grundsätzlich erwünscht waren, aber ideal sein sollten.

Alkohol und Schlafmittel stehen in einer Wechselwirkung. Beim Schlafmittel Ungewohnten bedingt Alkohol eine Verstärkung der Wirkung. Alkoholgebrauch stellt einen Risikofaktor für den Gebrauch von *Beruhigungs-* und/oder *Schlafmitteln* dar, wenn der Alkohol über lange Zeit und in hohen Dosen konsumiert wurde. Der an Alkohol Gewöhnte schläft allmählich schlechter; Schlafmittel wirken zunächst normal dosiert, später nurmehr in höherer Dosierung (Toleranzentwicklung). Der Alkohol aktiviert bestimmte Entgiftungsfunktionen der Leber, die sich bei Einnahme von Beruhigungs- oder Schlafmitteln auf diese übertragen und zu einem rascheren Stoffwechsel dieser Medikamente führen. Dies äußert sich z.B. in einer nurmehr kurzfristigen und schwächeren Wirkung des eingenommenen Medikamentes. Entsprechend werden höhere Dosen notwendig, um den gewünschten Effekt zu erzielen. Hiermit wächst das Risiko einer Abhängigkeit. Weitere Risikobereiche liegen im zwischenmenschlichen Bereich und entstehen etwa im Zusammenhang mit Partnerschaftskonflikten, familiärer und beruflicher Anspannung.

Nach monate- und jahrelanger Gewöhnung an *Schlafmittel* entwickelt sich eine Erwartungsangst, ohne diese Medikamente nicht mehr schlafen zu können. Jetzt wird das Präparat regelmäßig zur Vorbeugung genommen. Die Empfehlung, Schlafmittel häufig zu wechseln, um die Entstehung einer Toleranz zu vermeiden, ist zwecklos. Auch bei Schlafmittelwechsel müssen zum Wirkungseintritt die entsprechenden Dosen allmählich angehoben werden. Die chronische Vergiftung durch Schlafmittel äußert sich in Benommenheit, Einschränkung der Auffassungsgabe und Wahrnehmungsfähigkeit, im raschen Stimmungswechsel, in Sehstörungen, verwaschener Sprache, schwankendem Gang, rascher Ablenkbarkeit und

Neigung zu Reizbarkeit. Veränderungen von Wahrnehmung, Bewegung und Feinmotorik können zu Stürzen und zu Arbeits- und Verkehrsunfällen Anlaß geben. Die Abhängigkeit äußert sich in Entzugserscheinungen wie Schlaflosigkeit, Überwachheit, innerer Unruhe, Zittern, Muskelzuckungen, rheumatischen Schmerzen, Kollapsgefahr und Neigung zu Angstreaktionen. Noch gefährlicher sind epileptische Anfälle sowie ein Delir, das mit Bewußtseinstrübung, Desorientierung, Sinnestäuschungen und Wahnideen einhergeht.

Das Problem des Medikamentenmißbrauchs ist, soweit es sich um rezeptpflichtige Mittel handelt, wesentlich ein Thema der *Arzt-Patienten-Begegnung*. Häufiger Arztwechsel bzw. Parallelkonsultationen, „Wunschverschreibungen", Modetrends sowie die besondere Arztdichte, namentlich in Gegenden mit hoher Bevölkerung, bedingen Fragen an den Patienten und an den Arzt. Die üblichen Rollenerwartungen an den Arzt gehen u.a. von seiner hohen Kompetenz und von seiner gefühlsmäßigen Neutralität aus. Menschen in Streßsituationen, bei denen sich ein Mißbrauchsverhalten entwickelt hat oder bereits eine Abhängigkeit besteht, stellen den Arzt vor die schwierige Situation, nicht moralisierend oder ablehnend im Sinne der Abweisung oder kurzschlüssigen Medikation zu reagieren. Auch der Suchtgefährdete oder Abhängige erfaßt umgekehrt nur schwerlich seine Rolle, da er sich subjektiv über seinen Zustand nicht klar ist und sich häufig zuwenig krank fühlt, um daraus die Verpflichtung, gesund zu werden, abzuleiten. Er erwartet vielmehr von seinem Umfeld, von Verpflichtungen befreit und von der Allgemeinheit versorgt zu werden. Verweigert der Arzt weitere Verschreibungen, ohne daß der Patient zumindest eine gewisse Einsicht entwickelt hat, muß er damit rechnen, daß der Patient einen anderen Arzt aufsucht und sich jeglicher Einflußnahme entzieht. Setzt der Arzt hingegen die Verschreibungspraxis unverändert fort, so stellt sich für beide Seiten die Frage, wie sich eine solche legitimieren läßt. Wichtige Fragen zur Positionsbestimmung des Arztes sollten lauten: Verschreibe ich vor allem auf Verlangen des Patienten? Halte ich mich beim Verschreiben an das Medikament, das der Patient mir vorschlägt oder an das Medikament, das ich ihm vorschlage? Verschreibe ich ein Medikament, um einen Abhängigen als Patienten „loszuwerden"?

Nur selten sollte der Arzt zur Überzeugung kommen, daß das Verordnen eines abhängigkeitsunterhaltenden Medikamentes das kleinere Übel als die Abweisung des Patienten und eine allfällige nachfolgende Selbstgefährdung ist. Bei dieser – seltenen – Situation sollte nicht nur zurückhaltend rezeptiert, sondern vielmehr ein Modus gefunden werden, um dem Patienten in möglichst kontrollierter Form und vorübergehend das Medikament zu verabreichen, bis Hilfe durch suchtspezifische Fachleute möglich ist. Oberstes Prinzip sollte stets bleiben, so wenig wie möglich zu schaden. Ein weiteres wichtiges Prinzip ist die Selbstachtung des Arztes und die Achtung des Patienten, dem nicht die Verantwortung für sich und seine Gesundheit abzunehmen ist. Wenn von der Arzt-Patient-Begegnung gesprochen wird, sollte sich diese nicht auf ein böses Spiel reduzieren. Es gilt, Erpressungsversuche offen darzustellen, eigene Schwierigkeiten zu erklären, Grenzen des Handelns aufzuzeigen und konstruktive Alternativen zu entwickeln. Nur wer inkonsequent ist, wird vereinnahmt, und wer Schwächen zeigt, läuft das Risiko, ausgenutzt und erpreßt zu werden.

So wichtig die Arzt-Patient-Begegnung ist, sei daran erinnert, daß zum Kreis derer, die Verantwortung tragen, folgende Gruppen gehören: 1. die Hersteller (Informationspolitik und Marketing, Überprüfung der Medikamente bezüglich Abhängigkeitspotential, Optimierung von Dosis und Behandlungsdauer), 2. die Bevölkerung (Zielsetzung Einstellungsveränderung: kritisch konsumieren, Maß halten mit Schmerzmitteln, Alternativen suchen zu Schlafmitteln), 3. die Gesundheitsbehörden (Entwicklung von Rahmenbedingungen, in denen z.B. kontinuierlich epidemiologische Daten erhoben werden) und 4. die Ärzte (z.B. Zurückhaltung in der Verordnung abhängigkeitsfördernder Medikamente). Nur durch weiteres und kontinuierliches Bemühen in allen vier Bereichen wird eine Bewußtmachung der Problematik und längerfristig eine weitere rückläufige Entwicklung des Medikamentenmißbrauchs möglich sein.

Eine *Epidemiologie* darf sich nicht nur auf die Zahlen Betroffener beschränken, sondern sollte auch zur *Situation des Hilfeangebotes* Stellung nehmen. In der Bundesrepublik soll es ca. 1200 Beratungsstellen für Suchtkranke geben, d.h. eine Beratungsstelle für ca. 67000 Einwohner. Es wird davon ausgegangen, daß durchschnittlich eine Fachkraft pro 20000 Einwohner zur Verfügung steht. Für qualifizierte stationäre Entwöhnungsbehandlungen von Menschen mit Alkohol- und Medikamentenproblemen gibt es weit weniger Betten als für diejenigen von Drogenabhängigen. Das bedeutet konkret, daß für jeden 300. Abhängigen von legalen Suchtmitteln und für jeden 20. Abhängigen von illegalen Drogen ein Entwöhnungsplatz vorhanden ist. Probleme, die sich stellen, sind immer noch 1. Wartezeiten, 2. örtliche Distanzen vom Wohnort zum Behandlungsplatz resp. zum Ort der Nachsorge und schließlich 3. die Vernetzung von Behandlungsangeboten im ambulanten und stationären Bereich. Die Auslastung der ambulanten Beratungs- und Behandlungsstellen sowie der stationären Behandlungseinrichtungen weist respektable Zahlen auf, die zeigen, daß Suchtkranken-Behandlung in Deutschland heute in bedeutsamem Umfang stattfindet, dokumentiert und analysiert wird. Die enorm wichtige Arbeit, diese Erfahrungen auszuwerten, Impulse zu geben für Neues und Notwendiges und den Dialog mit der Öffentlichkeit zu führen, wird in beeindruckender Weise durch die Deutsche Hauptstelle gegen die Suchtgefahr (DHS) und durch weitere koordinierte Verbände und Vereinigungen wahrgenommen.

5. Frauenspezifische Aspekte

Je ein Drittel der von Alkohol und von illegalen Drogen Abhängigen und zwei Drittel der Medikamentenabhängigen sind Frauen; bei den Eßstörungen gilt eine Relation 90% Frauen zu 10% Männern, bei der Spielsucht soll die Relation umgekehrt sein. Die Erreichbarkeit und das therapeutische Angebot für Frauen sowohl im ambulanten wie auch im stationären Bereich sind nicht immer adäquat geregelt. So kommt es, daß Frauen nicht oder eher spät Therapien beginnen. Bei denjenigen Frauen, die solche rechtzeitig begannen und dadurch sogar jünger als ihre männlichen Kollegen waren, konnten wir günstigere Entwicklungsverläufe feststellen.

Ein frauenspezifischer Ansatz in der Suchtarbeit sollte der individuellen Auseinandersetzung mit den Lebensbedingungen des eigenen Geschlechtes, mit der Identität, der Frauenrolle, der Sexualität, den kulturellen und ökonomischen Bedingungen gelten. Auch das Thema Gewalt und sexueller Mißbrauch in Kindheit und Jugend mit den entsprechenden erlebnisreaktiven und selbstwertbestimmenden Entwicklungen bedarf besonderer Beachtung.

VI. Therapie

Allgemeine Rahmenbedingungen von Behandlungen

Behandlung geschieht zwischen Patienten, Mitpatienten und Therapeuten. Dabei werden eine bestimmte Therapierichtung (z.B. Verzicht auf Medikamente) und spezifische Modalitäten (z.B. Kombination von verhaltens- und gesprächspsychotherapeutischen Verfahren) gewählt. Therapie findet in einer bestimmten Umwelt statt, in der z.B. die Gemeindenähe einer Einrichtung, allgemeine Einstellungen gegenüber Drogenabhängigen oder sozioökonomische Faktoren, wie die allgemeine Beschäftigungslage, wichtige intervenierende Variablen darstellen.

Genau so wenig wie es *das* „Drogenproblem" gibt, gibt es *die* Lösung desselben. Lösungsansätze sind von Rahmenbedingungen wie Gesundheitspolitik, Finanzen, Mitarbeiterausbildung, Klienten und Einzugsgebieten abhängig, die sich laufend verändern, was bei der Planung und Durchführung von Therapien zu berücksichtigen ist.

Differenzierung von Behandlungszielen

Wir verstehen Drogenabhängigkeit als eine Form psychosozialen Leidens, womit hervorgehoben werden soll, daß eine Substanzabhängigkeit nicht nur als klinisches Syndrom, sondern auch als Bestandteil einer Lebensgeschichte aufzufassen ist. Therapie wird damit Hilfe zur Selbsthilfe. Damit wird eine Grundhaltung angesprochen, die impliziert, daß der Therapeut offen ist für die gesunde Seite des anderen, und daß Sucht im Leben des Betroffenen einen Sinn hat. Das bedeutet letztlich auch Anerkennung der Funktionalität repetitiver Suchthandlungen, etwa im Dienst der Befindlichkeitssteuerung, der Affektabwehr, z.B. der Abwehr von Scham- und Versagergefühlen oder der Abwehr aggressiver Phantasien oder der subjektiv erfahrenen Stabilisierung narzißtischer Defizite. Damit wird deutlich, daß Therapie nicht nur Drogenverzichtsdeklaration meint, sondern eine Veränderungsbereitschaft voraussetzt, die erst über kognitiv-emotionale Prozesse, wie z.B. Selbstakzeptanz des Betroffenen und gewonnene Selbstsicherheit, möglich wird. Selbstakzeptanz ermöglicht Akzeptanz der Therapie. Zwischen der Akzeptanz der Therapie und der vom Patienten eingeschätzten Wirksamkeit besteht ein Zusammenhang. Je größer beim Patienten die Akzeptanz ist, desto eher mißt er der Behandlung auch eine langfristige Wirkung bei.

Sowohl die Entwicklung zur Drogenabhängigkeit als auch die Befreiung von der Sucht mit dem Ziel, Drogenabstinenz und soziale Selbständigkeit zu erreichen, sind Langzeitprozesse. Eine Klärung und fortlaufende Überprüfung von Therapiezielen in der Hier- und Jetzt-Situation ist ein wichtiges Element in der Arbeit von Patient und Therapeut, aber auch in der Stellung von Drogentherapieprogrammen in der Öffentlichkeit. Liegt zwischen dem Therapieziel des Therapeuten und dem des Patienten Kongruenz vor, hat Therapie reale Chancen; kann diese nicht oder nur teilweise erreicht werden, erhält Therapie für den einen oder anderen Teil eine Alibifunktion.

So wichtig die Auffassung von Sucht als Krankheit ist, so sehr ist gerade der praktische Umgang mit einem solchen Konzept nicht immer leicht. Ist Symptomminimalisierung das selbstverständliche Therapieziel bei allen Krankheiten und sonstigen Störungen des körperlichen, psychischen und sozialen Wohlbefindens, kann die Minderung des Leidensdruckes beim Süchtigen gerade verhindern, daß zugrundeliegende Störungen angegangen werden. Seitens des Patienten sind Schweregrad der Substanzabhängigkeit resp. allfälliger Folgen einerseits, sowie die Motivation und die Erwartung des Patienten an die Therapie andererseits, entscheidend für die Wahl einer entsprechenden Behandlungsstrategie.

Interventionsbereiche

Zu den *Interventionsbereichen* gehören die Früherfassung, die Notfallbehandlung, die Krisenintervention, dann die Therapie mit den Phasen der Kontaktnahme, Entzugs- und Entwöhnungsbehandlung, der Rehabilitation und Nachsorge.

Die *Früherfassung* der Drogenabhängigkeit kann u.U. das Abgleiten in schwerere Suchtformen mit entsprechenden sozialen Folgeerscheinungen verhindern. Sie wird am ehesten gewährleistet, wenn sich die Betroffenen ohne Angst vor strafrechtlichen oder administrativen Konsequenzen freiwillig zur Behandlung melden können. Öffentlichkeitsarbeit verfolgt den gleichen Zweck, indem sie praktisch wichtige und für die Betreuung und Behandlung wegweisende Informationen vermitteln soll. Nicht selten realisiert der Betroffene oder seine Umgebung erst in der *Notfallsituation*, daß Hilfe benötigt wird. Neben der lebensrettenden Sofortmaßnahme stellt sich in der Notfallsituation die Gelegenheit zur Anbahnung einer weiterführenden Therapie. Jede Drogeneinnahme, aus welchem Motiv sie erfolgt, kann aufgrund der pharmakologischen Eigenschaften unvorhergesehene Reaktionen nach sich ziehen. Dies ist besonders möglich bei Überdosen, reduzierter Toleranz, bei besonders reinen Heroin- oder Kokaingemengen oder bei toxischen Beimengungen.

Suizidalität

Sucht läßt sich als in die Länge gezogener Suizid interpretieren. Ein hoher Prozentsatz von Drogenabhängigen verübt Suizidversuche oder endet durch Suizid.

Kriterien für eine Suizidgefahr sind vor allem die folgenden:
- Selbstmordhinweise
- Vorkommen von Suiziden in der Familie oder in der näheren Umgebung
- frühere Suizidversuche, direkte oder indirekte Suiziddrohungen
- Äußerung konkreter Vorstellungen über die Art der Durchführung
- Selbstvernichtungs-, Sturz- und Katastrophenträume
- biologische Krisenzeiten (Pubertät, Klimakterium, Vereinsamung im Alter)

- zerrüttete Familien
- Verlust oder primäres Fehlen mitmenschlicher Kontakte
- Verlust der Arbeit, Fehlen eines Aufgabenkreises, finanzielle Sorgen.

Drogenintoxikation hat häufig den Charakter einer parasuizidalen Handlung. Folgende Leitgedanken zum Umgang mit dem suizidalen Drogenabhängigen seien zusammengefaßt. Die beste Selbstmordprophylaxe setzt eine gute affektive Bindung des Suizidgefährdeten an eine Bezugsperson voraus. Er muß sich aussprechen, namentlich Gefühle seiner Enttäuschungen und Kränkungen äußern können. Dabei geht es einmal um die Abfuhr aggressiver Trieb-Spannung, zum andern um das Wiedererreichen eines kohärenten Selbstwertgefühls. Namentlich beim jugendlichen Drogenpatienten kann sich in einer suizidalen Situation zum Therapeuten eine enge Beziehung entwickeln.

Es ist in einem zweiten Schritt in der Beziehung zum suizidalen Drogenpatienten im Hinblick auf die Realität eines Arbeitsbündnisses wichtig, ihn anzuhalten, daß er sich bei einer Bezugsperson meldet, wenn seine destruktiven Regungen wieder stärker werden.

Kontaktaufnahme

Die Kontaktaufnahme zu Drogengefährdeten oder bereits Abhängigen findet oft anläßlich einer Notfallsituation, einer Kriseninstervention, einer Vorsorgeuntersuchung oder anläßlich eines Gespräches, in einer Beratungsstelle, bei einem Arzt o.a. statt. Häufig besteht ein äußerer oder innerer Druck, seltener wird der Kontakt vom Abhängigen direkt unter dem Titel der Inanspruchnahme von Hilfe zum Aufhören mit dem Drogenkonsum gesucht. Nicht selten wirken Versorgungslücken oder Abstinenzsymptome motivierend. Neben dem Mangel an Stoff sind es aber vor allem begleitende Gefühle einer inneren Leere oder des Überdrusses („Ich habe es satt"), die Situation einer äußeren Notlage oder körperliche Krankheiten, die den Anlaß geben, eine Beratungsstelle aufzusuchen. Klärung der psychischen, körperlichen und sozialen Situation ist notwendig.

Entzugsbehandlung

Das Angebot qualifizierter Entzugsbehandlungen ist außerordentlich wichtig, weil Drogenentzug ein erster Schritt einer weiterführenden, aufbauenden Behandlung sein kann. Über die Form der Behandlung und den Zugang zur Behandlungseinrichtung orientieren Broschüren und Merkblätter oder Auskünfte durch Drogenberatungsstellen oder staatliche Gesundheitsämter. Das gleiche gilt bezüglich der weiterführenden Einrichtungen der stationären Langzeittherapien in Fachkliniken oder Therapiestationen der Drogenhilfe.

Es gibt eine Reihe medikamentöser Entzugshilfen, auf die hier nicht einzugehen ist. Medikamente sind kurzfristig und gezielt einzusetzen.

Neuerdings wird an einigen Orten eine medikamentös forcierte ultrakurze Entzugsbehandlung diskutiert. Die Verabreichung eines Opiatgegenmittels (Opiatantagonist) provoziert starke Entzugssymptome. Um dieses Vorgehen subjektiv erträglich zu machen, wird diese Behandlung in Kurznarkose unter gleichzeitiger Verwendung hoher Dosen von Beruhigungsmitteln durchgeführt – ein nicht harmloses Prozedere. – Wichtig bei jeder qualifizierten Entzugsbehandlung ist die adäquate Organisation einer weiterführenden Behandlung.

Ambulante Therapie

Der Schwerpunkt in der Behandlung Alkohol- und Drogenabhängiger liegt heute im ambulanten Feld. Sozialarbeiter, Psychologen und Ärzte, staatliche Einrichtungen und privat Praktizierende, professionelle Hilfe und Selbsthilfe sind dabei die wichtigsten Helfer.

Stationäre Therapie

Eine Vielzahl von stationären Einrichtungen, die dem Charakter nach Suchtkliniken sind oder auch Häuser, die sich aus

„therapeutischen Gemeinschaften" entwickeln, bieten heute professionelle Hilfe an. Diese Therapien sind mehrfach evaluiert worden und ihre Effizienz ist belegt. Wichtig ist in jedem Fall – auch bei einer Langzeittherapie –, daß sie von einer „Nachbetreuung" abgelöst wird.

Psychotherapie

Wie kann man sich das Funktionieren von Psychotherapie bei Suchtkranken praktisch vorstellen? In einer systematisch aufgebauten Therapie gehören folgende Schritte dazu.

Die Patienten sollen zunächst mit einem biopsychosozialen Modell ihrer Krankheit vertraut gemacht werden. Dabei lernen sie, ihre Suchtentwicklung, ihre Abhängigkeiten, das bisherige Gelingen bzw. Mißlingen der Abstinenz, Rückfall-Risikobedingungen und eigene Selbstkontrollstrategien zu identifizieren. Es folgt eine eigentliche Verhaltens- bzw. Problemanalyse aufgrund der eigenen individuellen Biographie und Suchtmittelabhängigkeit. Anhand von Selbstkontrollüberlegungen können Möglichkeiten eines Befriedigungsaufschubs, der Risiko- und Stimuluskontrolle, der Selbstbelohnung, des Aufbaus von Alternativen, insbesondere zum Spannungsabbau, zur Bewältigung von Konflikten, zum Umgang mit Versagungen und Belastungen am Beispiel von Alltagssituationen des Patienten geübt werden. Ein weiteres wichtiges therapeutisches Element sind Übungen zum Aufbau sozialer Fertigkeiten und Ablehnungs- bzw. Durchsetzungsverhalten. Dazu können auch Konfrontationsübungen mit Angeboten von Alkohol und Drogen (z.B. im Hinblick auf soziale Situationen, in denen Alkohol und Drogen eine Rolle spielen) gehören. In diesem Rahmen können zuvor erworbene Fertigkeiten erprobt, angewandt, modifiziert und in ihrer Wirkung erfahren werden. Ein stetiges Thema wird der Umgang mit eingetretenen Rückfällen sein. Dem Patienten müssen hier Strategien vermittelt werden, wie Kontrolle wieder erlangt wird.

Verhaltensanalyse und Informationsvermittlung über
- Wirkung von Alkohol und anderen Suchtmitteln
- Körperliche, soziale und psychische Folgen des Suchtmittelgebrauchs
- Persönliche Entwicklung
- Persönliche Problembereiche, Defizite, Auslöser, Risiken
- Erarbeitung eines biopsychosozialen Modells (individuelle Veranke-
  rung)

Bearbeitung von Problembereichen und Aufbau von Selbstkontrolle
- Selbstbeobachtung, Selbstbeurteilung, Selbstbelohnung
- Selbstsicherheit, sich einbringen, ablehnen, sich durchsetzen
- Kontakt herstellen und aufrechterhalten
- Kommunikation und Ausdruck von Lob, Wünschen, Bedürfnissen
- Kommunikation und Ausdruck von Ärger, Frustration, Angst
- Umgang mit Versuchungs- und Risikosituationen
- Umgang mit Mißerfolgen, Enttäuschung, Langeweile, Isolation
- Tages- und Zeitstrukturierung

Krisenbewältigung, eigenständige Rückfallverhinderung
- Vorbereitung und Planung für das Verhalten in Krisen
- Konfrontation mit Risikosituationen, Belastungen
- Bewältigungsrepertoire für unterschiedliche Risiken
- Erarbeitung eines persönlichen Notfallplans

Allgemeine Therapiestrategie in der Psychotherapie von Suchtkrankheiten

Therapie psychiatrischer Störungen

Suchterkrankungen und andere psychiatrische Störungen treten nicht selten zusammen auf. Häufig lassen sich bereits in
den Familien drogen- und/oder alkholabhängiger Patienten
entsprechende psychiatrische Störungen feststellen. Das Vorliegen einer zusätzlichen psychiatrischen Erkrankung macht es
erforderlich, gezielt psychotherapeutisch, gegebenenfalls auch
pharmakotherapeutisch zu behandeln.

Selbstheilung

Neben der Frage der Therapie und ihres Einflusses auf Entwicklungsverläufe stellt sich bei der Längsschnittbetrachtung
immer auch die Frage nach der Bedeutung von „Spontanaus-
stieg" oder „Selbstheilung". In mehreren Studien wurden Per-

sonen mit Alkohol- oder Heroinproblemen untersucht, die über eine Medienkampagne rekrutiert worden waren. Es konnten sowohl Heroin- wie auch Alkohol-Selbstheiler identifiziert werden, deren Konsum kritische Formen angenommen hatte. Den Betroffenen gelang es, nach allenfalls minimalen Behandlungskontakten, ihren Suchtmittelkonsum weitgehend zu reduzieren, und zwar bei den Heroinprobanden in einem vergleichsweise höheren Prozentsatz als bei den Alkoholabhängigen. Sicherlich sind alle jene Abhängigen, die sich für die Abstinenz entschließen und dies auch schrittweise umsetzen können und die Erfahrung einer Konsolidierung und Normalisierung machen, gegenüber jenen, die diesen Weg im Rahmen einer Therapie erfahren müssen, in der besonderen Position, daß sie mit einer recht bewußten Strategie aus dem erwähnten „Selbstheilungsprozeß" hervorgehen. Sie beurteilen das Heroin oder den Alkohol als unnötig und den mit der Suchtkarriere verbundenen „Dauerstreß" als überflüssig und belastend. Sie identifizieren sich mit einer sozialen Wiedereingliederung, die die Übernahme konventioneller Rollen und Lebensziele ermöglicht. Die Selbstheilungstendenz in einem Suchtmittelabhängigen ist ein wichtiger Teil seines Selbst, der – wie auch immer – zu stützen und zu fördern ist. Was die eigentliche „Heilung" bei einem Abhängigen ermöglicht oder ausmacht, ist unklar. Viele Suchtmittelabhängige, die wiederholt Therapien durchmachten, haben Mühe, die Frage des „Warum" zu beantworten. Die Anonymen Alkoholiker haben diese Frage konsequent zurückgestellt. Nicht selten hört man die schlichte Antwort, es sei „Zeit gewesen" oder es liege zurück wie der Weg „durch einen Tunnel". Häufig wird dieses Ereignis auch rationalisiert. Es sei „der Anblick der Szene", der „Tod eines Freundes", das „plötzliche Wahrnehmen, daß sich etwas verändert hat". Das Thema Therapie und Selbstheilung ist keineswegs polarisierend zu diskutieren. Selbstheiler bewegen sich neben oder vor einem therapeutischen System. Sie hören und lesen von Menschen, die rückfällig wurden, die sogar sterben, den Weg zu einer Selbsthilfeorganisation wie den AA (Anonyme Alkoholiker)

oder NA („Narcotics Anonymous") fanden oder „geheilt"
wurden.

Substitutionsbehandlung Heroinabhängiger mit Methadon

Seit den 60er Jahren wurden zunächst in den USA, später
auch in Europa (England, Italien, Holland, Schweden, Schweiz,
u.a.) Heroinabhängige mit dem Ersatzpräparat Methadon behandelt.

Diese Behandlung geht davon aus, daß eine über 24 Stunden anhaltende Sättigung der sogenannten Opiatrezeptoren
stattfindet, so daß die Zufuhr eines anderen Opiats, z.B. Heroin, unnötig ist. Hat sich jemand für eine Methadon-Substitutionsbehandlung entschlossen und den Weg zu einer entsprechenden Einrichtung oder einem autorisierten Arzt gefunden, ist er im Prinzip in der Lage, heroinfrei zu leben. Der
Wegfall von Beschaffungsstreß ermöglicht ihm, einer Beschäf-
tigung oder Ausbildung nachzugehen. Damit werden bereits
nach wenigen Monaten Veränderungen im Leben eines Opiatabhängigen möglich. Die notwendigen Veränderungen in der
Lebensführung machen aber zusätzliche Betreuung, Stützung
und Konfliktverarbeitung erforderlich.

Methadon unterhält als Opiat zwar die körperliche Abhängigkeit, macht es aber möglich, auf den illegalen Heroin-
gebrauch zu verzichten und eröffnet so die Chance einer sozialen Eingliederung und einer Verbesserung des allgemeinen
Gesundheitszustandes. Methadonabgabe gehört heute in das
Behandlungsspektrum für Drogenabhängige und ist nicht als
Alternative oder sogar als Gegensatz zu „eigentlichen" Behandlungen zu verstehen. Die regionalen Behandlungsstruktu-
ren sind nach wie vor sehr unterschiedlich, und das Haupt-
thema der Methadon-Substitution ist immer noch die Frage,
welchen Stellenwert sie haben soll und wie sich die psychosoziale Begleitung am besten realisieren läßt. Eindeutig ist, daß
sich im Behandlungsverlauf ein Rückgang an Spritzenabszes-
sen, Venenleiden und Lebererkrankungen findet. Signifikante
Effekte auf die Einschränkung krimineller Aktivitäten sind

nachweisbar. Leider bleibt vielenorts die berufliche Wiedereingliederung hinter den Erwartungen zurück. Wo ein Angebot
an Arbeitsplätzen fehlt oder wo die strukturellen Voraussetzungen für eine Eingliederung in eine Ausbildung oder in einen Arbeitsprozeß ungenügend sind, vermag die bloße Abgabe
von Methadon bezüglich der sozialen Eingliederung wenig aus-
zurichten. Der Anteil derjenigen, die von der eigenen Arbeit
leben konnten, betrug in mehreren Untersuchungen ca. 30%.
Fehlende Tagesstrukturen infolge mangelnder Ausbildungs-
plätze oder Arbeitslosigkeit bedingen unter Umständen ein Ver-
bleiben in der Drogenszene mit der Gefahr erneuten Konsum-
verhaltens. Dies erklärt, daß ca. 20% der Teilnehmer an
Methadonprogrammen sporadisch Heroin und – je nach Verfügbarkeit – auch Kokain verwenden. Der Anteil der Patienten mit Alkoholproblemen wird auf weitere 20% beziffert.
Ein anderes Problem, das sich allgemein in der Drogenszene
und bei Patienten in der Methadon-Substitutionsbehandlung
abzeichnet, ist der Beikonsum von benzodiazepinhaltigen
Schlaf- und Beruhigungsmitteln. Hierbei spielen ganz unterschiedliche Motive zusammen, wie Behandlung von Schlafstörungen oder der Wunsch nach Betäubung bei selbstdestrukti-
vem Verhalten Mehrfachabhängiger („Zu-Sein"-Wollen).

Nachdem in Deutschland das Methadon nur sehr zögerlich
seinen Platz in der Behandlung Heroinabhängiger finden
konnte, ist es nicht verwunderlich, daß sich in der „Thera-
pieszene" das Codein als Ersatz einen Namen gemacht hat.
Die Abgabe von Methadon im Rahmen von geeigneten psychosozialen Betreuungskonzepten sollte jedoch deutlich favo-
risiert werden und das Verschreiben von Codein als ärztlicher
„Überbrückungsmaßnahme" ablösen. Die pharmakologischen
Vorteile von Methadon gegenüber Codein sollen an dieser
Stelle nicht erörtert werden.

Ausstieg aus der Drogenabhängigkeit

Nicht alle Heroin- und Alkoholabhängigen sind gleich. Her-
kunft und Selbstkonzept der Betroffenen bedingen unter-

schiedliche Bewältigungsstrategien. Dies erklärt auch ihre unterschiedlichen Rehabilitationschancen. Das Selbstkonzept eines Menschen vermittelt Selbstwertgefühle bzw. Selbstsicherheit und ermöglicht über die Wahrnehmung innerer oder äußerer Quellen die Bewältigung von Belastungen, Schwierigkeiten oder Defiziten. Solche sog. internen oder externen Coping-Ressourcen bilden einen Bereich, der im Verlaufe der Entwicklung eines Lebens wesentlich dazu beitragen kann, wie belastend Lebenssituationen erlebt werden bzw. wie soziale Integration gelingen kann.

Jemand mit einem konsistenten Selbstkonzept, bei dem es im Grunde nie in Frage stand, jemand Liebenswertes und Lebensfähiges zu sein, der aus Sehnsucht nach intensivem Selbsterleben („sich gut fühlen") oder nach Steigerung („sensation seeking") Heroin oder Alkohol benützte, ist im allgemeinen eher fähig, diesen Gebrauch wieder aufzugeben. Dies insbesondere dann, wenn der Betroffene über ein hohes Maß an fördernden Ressourcen verfügt (intern: Wohlbefinden und positive Grundhaltung; extern: gehobener Ausbildungsstatus und intaktes familiäres und, mindestens ebenso wichtig, außerfamiliäres Beziehungsnetz). Im Gegensatz dazu schützt ein geringes Selbstwertgefühl mit schwacher Konsistenz wenig vor Ängsten oder Enttäuschungen im Umgang mit der Umwelt. Geringes Vertrauen, fehlende innere Ruhe und Sicherheit, erhöhte Angstbereitschaft lassen vorübergehenden Drogengebrauch als „Selbstmedikation" verstehen, mit der Zielsetzung, schlechte Gefühle zu vermeiden oder ein bedrohtes Selbst zu schützen.

Die *Prognose* eines Ausstiegs aus der Abhängigkeit ist um so günstiger, je frühzeitiger eine Therapie erfolgt. Die Prognose wird also durch externe und interne Ressourcen bestimmt, indem Verfügbarkeit oder Mangel an inneren oder äußeren Verstärkern einer abstinenten und zufriedenen Lebensführung die Wiedereingliederung beeinflussen. Hierbei geht es immer um die Balancierung von Risikofaktoren und von Schutzfaktoren, die individuell sehr unterschiedlich vorhanden sind.

Ordnet man die Teilnehmer an Drogentherapien nach den Kriterien 1. „geheilt", 2. „gebessert", 3. „unverändert/verschlechtert" in drei Gruppen, so lassen sich, wie wir aus Folgestudien wissen, jeder Gruppe ca. ein Drittel der Patienten zuordnen. Das bedeutet, daß entgegen der allgemein pessimistischen Haltung bei den in Studien untersuchten Drogenabhängigen zwei Drittel der Untersuchten eher positive Tendenzen in der sozialen Entwicklung, Abstinenzerreichung und in der Persönlichkeitsentwicklung aufwiesen. Dagegen steht, daß pro Jahr ca. 2% der Drogenabhängigen sterben, ihre Mortalität also gegenüber der der Normalbevölkerung erheblich erhöht ist.

Die Beobachtungen einiger Studien, nach denen mit höherem Alter eine höhere Abstinenzrate erreicht wurde, sind wiederholt bestätigt worden. Es besteht ein differenzierter Zusammenhang zwischen Abstinenz und dem Selbstbild. Die Erfahrung der Abstinenz, das Aufgeben eines durch die Droge verengten Blickwinkels, die Bereitschaft, andere und vielfältigere Erfahrungen zuzulassen und aufzunehmen, führen nach etwa vier Jahren zu einer positiven Änderung des Selbstbildes. Positive Veränderungen betreffen u.a. eine stabile Grundstimmung, ein anhaltendes zufriedenes Gesundheitsgefühl, Autonomie gegenüber den Eltern und befriedigende Beziehungen. Der Weg aus der Abhängigkeit läßt hinsichtlich der Anpassung kein spezifisches Ausstiegsmuster erkennen. Weder eine der Abstinenz vorausgehende soziale Stabilisierung z.B. über die Arbeit noch eine vorgängige Abstinenz vor der sozialen Stabilität lassen sich gehäuft beobachten. Persönlichkeitsentwicklungen, d.h. die Umsetzung von sozialen und psychischen Bedürfnissen, Fähigkeiten und Fertigkeiten verlaufen nicht linear, sondern diskontinuierlich. Dies gilt auch für Veränderungen des Selbst-Konzepts, in dem zum einen die mit der Abstinenz verbundene Öffnung für neue Erfahrungen und die Erweiterung der Selbst- und Fremdwahrnehmung wichtig sind. Zum andern ist für diese Veränderungen ein größerer Zeitraum nötig. Die „maturing-out"-Hypothese wäre dahingehend zu spezifizieren, daß die Nachreifungsprozesse für die Abstinenz und die soziale und psychische Stabilisierung wohl eine Rolle spielen, aber von dem Faktor „Lebensalter" eher unabhängig sind.

VII. Prävention

„Vorbeugen ist besser als heilen" steht nicht selten am Ende des ärztlichen Lateins. Nicht allein das Wissen, sondern mehr noch das Umsetzen von Wissen, also das vorbeugende Handeln, ist gelegentlich schwer. Das Handeln wird nämlich nicht allein vom Wissen bestimmt, sondern von Vorstellungen, Bildern und Werten, die mit Gefühlen verbunden sind. Wir freuen uns – hoffentlich – über unsere gute Gesundheit oder über eine Freundschaft. Dieser emotionale Anteil ist erfahrungsgemäß wichtig und oft verhaltensbestimmend. Frauen haben häufig einen besseren Zugang zu ihren Gefühlen. Sie nehmen sich darum auch ganzheitlicher wahr und unternehmen mehr für die Erhaltung ihrer Gesundheit.

Nicht wenige Menschen kennen das ungute Gefühl des Zuviel – etwa wenn man sich überfordert – oder des Zuwenig – wenn man sich z.B. zu wenig Zeit für etwas nimmt. Wie häufig wird dieses Gefühl aber überspielt und bagatellisiert. Der Anteil der Konsumenten von suchtgefährdenden Stoffen in der Bevölkerung ist bekanntlich hoch. Wenn man sie gezielt fragt, hat ein großer Teil der regelmäßig Wein oder Bier Konsumierenden schon einmal das Gefühl gehabt, daß ihnen z.B. der Alkohol nicht guttue. Warum nehmen die Betroffenen dieses Gefühl nicht ernst?

Die Diskussion über Suchtgefährdung und die Notwendigkeit präventiver Maßnahmen beginnt bei jedem einzelnen, z.B. mit der Frage, wo habe ich meine eigene Sucht bzw. wo liegt meine eigene Suchtgefährdung. Der Titel eines Buches *Drogen unter uns* provozierte bei einigen Kollegen Kritik. Sie wollten den Titel neutraler formuliert wissen, wie z.B. „Drogen" oder „Drogen in der Gesellschaft". Inzwischen hat die Reflexion der eigenen Suchtbereitschaft, freilich gelegentlich bagatellisierend, eingesetzt. Ein paar Stimmen dazu:

Ein 42jähriger Künstler: „Ja, ja, klar, ich bin süchtig. Alles ist eine Droge. Somit bin ich polytoxikoman."

Eine 23jährige Studentin: „Hin und wieder packt mich die Sammelsucht oder die Kaufsucht mit den typischen Frustkäufen."

Ein 37jähriger Ingenieur: „Ich bin vielleicht bewegungssüchtig. Wenn ich mich nicht mehr bewegen kann, fühle ich mich nicht glücklich."

Eine 18jährige Schülerin: „Ich möchte immer Schmuck kaufen. Ich bin so etwas wie schmucksüchtig."

Ein 18jähriger Schüler: „Ich bin mir keiner Sucht bewußt."

Eine 39jährige Lehrerin und Hausfrau: „Eine Sucht ist es wohl nicht gerade, aber ich möchte unendlich viele Kinder haben."

Ein 51jähriger Schriftsetzer: „Ich bin phasenweise fernsehsüchtig, z.B. während einer Eishockey-Weltmeisterschaft."

Eine 41jährige Zahnärztin: „Ich brauche immer ein wenig Streß, damit ich gut arbeiten kann."

Eine 27jährige Praxishelferin: „Ich höre extrem viel und gerne Musik. Ich schlafe sogar mit dem Walkman ein."

Ein 29jähriger Fußballspieler: „Ich bin bewegungssüchtig. Wenn ich meinen Körper eine Zeitlang nicht bewegt habe, werde ich unzufrieden."

Ein 42jähriger Photograph: „Ganz klar, ich bin arbeitssüchtig. Wenn ich nichts tue oder nicht in irgendeiner Form kreativ bin, fehlt mir etwas."

Ein 57jähriger Regierungsbeamter: „Das beste ist, nie einzusteigen. Ich sehe selber, wie schwierig es ist, von der Zigarette wegzukommen."

Ein 59jähriger Physiker: „Die Zigarettensucht habe ich vor zwei Jahren abgelegt, geblieben ist aber eine kindliche Sehnsucht nach Vertrauen und ein Bedürfnis nach Nähe."

Eine 71jährige Schauspielerin: „Da ich einen starken Drang verspüre mich auszudrücken, arbeite ich sehr viel. Dabei kann ich diese Neigung, welche manchmal Formen einer Sucht annimmt, am besten ausleben."

Ein 49jähriger Direktor: „Wenn Sport eine Sucht ist, dann bin ich sportsüchtig. Als Ausgleich zu meiner Arbeit im Büro brauche ich viel Bewegung in der Natur."

Dieses Spektrum klingt realistisch, es entstand nach einer Veranstaltung eines „Suchttheaters"; Schauspieler hatten „typische" Situationen gespielt, und das Publikum hatte anschließend lebhaft diskutiert. Es klingt harmlos, gelegentlich auch etwas schillernd, wenn im Freundes- und Bekanntenkreis mitgeteilt wird: „Klar, ich bin Alkoholiker . . ." oder „. . . sicher, ohne die Mittel kann ich nicht schlafen . . .", und gelegentlich klingt es sogar ganz gut, „Mercedes-süchtig" zu sein.

Denken um zu Überleben

Es gibt Wechselwirkungen zwischen sozialer Zufriedenheit und Suchtmittelkonsum. Unzufriedene konsumieren häufiger. Umgekehrt, so wurde in einer eigenen Untersuchung festgestellt, hatten Frauen und Männer, die ohne Partnerschaft lebten oder mit dieser unzufrieden waren, signifikant häufiger den Gedanken, weniger Alkohol zu trinken, als Befragte, die sich zufrieden über ihre Partnerschaft äußerten. Unzufriedenheit ist auch „Chance für eine Veränderung".

Es ist als erfreuliches Faktum festzuhalten, daß neben einer Hochrisikogruppe von etwa 10% der Bevölkerung, die ca. die Hälfte des gesamten Alkoholkonsums bestreiten, und neben dem massenhaft verbreiteten Niedrigkonsum besonders bei jungen Erwachsenen ein Trend zur Nüchternheit registriert wird. Es zeichnet sich damit gesellschaftlich eine gewisse Polarisierung von Hoch-Konsumenten und Nicht-Konsumenten ab. Ein erhöhtes Risikobewußtsein bezüglich des eigenen Umgangs mit Suchtmitteln ist vorhanden. Hierbei hat insbesondere die Thematik der Selbstgefährdung im Straßenverkehr eine Schrittmacherfunktion gehabt, obwohl nur zu bekannt ist, daß die Trennung von Alkoholkonsum und Autofahren immer noch ungenügend internalisiert ist. Sich abzeichnende Veränderungen im Arzneimittelgebrauch, in der Ernährungsweise und im allgemeinen Gesundheitsverhalten weisen auf ein wachsendes Gesundheitsbewußtsein hin. Diese „neue Nüchternheit" ist wohl weniger auf Resultate einer Suchtprä-

vention zurückzuführen, als auf einen allgemein gesundheits-
bewußteren Lebensstil von Teilen der Bevölkerung.

Bei vielen fehlt aber immer noch die Bereitschaft, Wissen
und Handeln kongruent zu machen. Einer der Gründe dafür
liegt, sozial-psychologisch gesprochen, in der Entfremdung
des modernen Menschen, in der er eine wesentliche Eigen-
schaft aufgegeben hat, nämlich die Bereitschaft, über sich
nachzudenken. Der entfremdete Mensch lebt vor allem durch
die Außenwelt geleitet. Langeweile, innere Leere und die Suche nach Stimulation, nach Aktionen können daraus resultie-
ren und sind zentrale Elemente einer Suchtgefährdung.

Suchtprävention bedeutet demnach ein Plädoyer für das
Nachdenken. Denken, um zu überleben und Denken, um mit
sich in Einklang zu kommen. Denken sei nichts Geschenktes,
sondern eine mühevolle und unsichere Erwerbung, meinte der
Philosoph José Ortega y Gasset. Denken und Menschsein in
diesem Sinne ist ein gefahrvolles Abenteuer, weil in Gefahr,
sich immer wieder zu verlieren.

Umgekehrt ist es ebenso bedenklich, wenn sogar Fachleute
dem Wunschdenken erliegen, etwa durch bloße Veränderungen der Suchtmittelgesetze, eine neue „Drogenpolitik", ein
neues Schulsystem u.a. Entscheidendes zu erwarten. Drogen-
prävention beginnt bei jedem einzelnen und steht in der Verantwortung eines jeden einzelnen. Zu dieser Feststellung gehört gleichwohl auch die Bereitschaft, wegzukommen von der
Vorstellung bedingungsloser eigener Autonomie und die Vorstellung einer chancengleichen Selbstverwirklichung zum allgemeinen Ziel zu erklären. Aktive Drogenprophylaxe signali-
siert sich in der Bereitschaft zum *Nachdenken*, in der *Offen-
heit für das Miteinander* – das Zueinander-Wachsen ist das
Ergebnis einer gelegentlich anstrengenden Arbeit – und im
Respekt für unsere Umwelt.

Sucht fällt nicht vom Himmel

Zum Miteinander und zur unmittelbaren Umwelt gehören
Kinder, gehört die Familie.

„Wenn meine Eltern traurig sind, tun sie so, als wenn ihnen das nichts ausmachte. Sie arbeiten dann viel, tun viel, trinken oder lenken sich sonst ab." So etwa könnte ein Kind seine Eltern erleben, wenn es die Dinge bereits durchschauen würde. An den Eltern orientiert sich das Kind. In den ersten Lebensjahren wird der Grundstein aller möglichen Sucht- und Fluchtverhaltensweisen gelegt. Das Kind braucht Beachtung, Zuwendung, Toleranz, Verständnis, Spielraum, anstatt der Surrogate dafür. Wie leben wir mit unseren Kindern zusammen? Lassen wir ihre Gefühle zu, auch solche, die unangenehm sind? Reden wir miteinander, oder heißt es: „Seid nett zueinander, streitet nicht."? Die Abfertigung mit Surrogaten beginnt in den alltäglichsten Situationen. Wie reagieren wir, wenn das Kind mit einem blutenden Knie nach Hause kommt und weint? Beschäftigen wir uns mit ihm, oder geben wir ihm ein paar Süßigkeiten und sagen: „Wenn Du stark bist . . ."

Sucht fällt nicht einfach vom Himmel. Erfahrungen und Erlebnisse prägen das Bewußtsein des Kindes und bestimmen seine Gefühle und sein Verhalten. Wir sind letztlich bereit, süchtig zu werden, weil wir als Kinder nicht gelernt haben, aus uns zu schöpfen, uns den Anforderungen des Lebens zu stellen und uns das zu holen, was wir wirklich brauchen. „Wenn Mami Schmerzen hat, nimmt sie immer eine Tablette." Unangenehme Situationen und Gefühle werden gemieden. Als Ersatz steht ein breites Angebot zur Verfügung. Die Kinder spüren: „Die Erwachsenen wollen sich nicht einsam fühlen. Sie machen sich dann zu."

Worauf es ankommt, ist eine *Haltung*, allgemeine Lebenskompetenzen mit der Fähigkeit, Belastungen zu erkennen und zu verarbeiten, genügend Selbstvertrauen und Selbstsicherheit und gute Kommunikationsfähigkeit zu erlangen. Dann besteht mit hoher Wahrscheinlichkeit für den einzelnen die Chance, mit psychoaktiven Stoffen wie Alkohol, illegalen Drogen, Medikamenten und Tabakwaren kritisch umzugehen. Dieser kritische Umgang bedeutet, bei verbotenen Mitteln oder in verbotenen Situationen nein sagen zu können;

nein am Arbeitsplatz, nein in der Schule und nein im Straßenverkehr. Kritisch umzugehen bedeutet weiter, zu wissen, was konsumiert wird und wie konsumiert wird. Und schließlich bedeutet kritisch konsumieren, mit dem Mittel keinen Ersatz für fehlende Befriedigung anderer menschlicher Bedürfnisse zu suchen.

Zwar gibt es nicht *die* richtige Erziehung, aber es gibt *Erziehungsstile,* die eine größere Sicherheit gewährleisten, und andere, die unter Umständen geradezu das Risiko, Drogen zu konsumieren, fördern. Ein konsequenter, aber toleranter Erziehungsstil vermeidet autoritär-bestrafendes Handeln ebenso wie eine inkonsequente Laisser-faire-Haltung oder das überbeschützende Umsorgen. Die Lernpsychologie lehrt, daß der Wert von Wissen, Einstellungen und Verhalten durch Lob bekräftigt wird. Eine pädagogisch erfolgreiche Grundhaltung besteht darin, schlechte Eigenschaften oder Verhaltensweisen nicht zu bestrafen, oder positive Alternativen zu verstärken. Wir neigen jedoch dazu, Dinge, die uns nicht gefallen, zu bestrafen oder zu mißbilligen. Wir sollten im Gegenteil mehr unterstützen, loben, bekräftigen und Begeisterung zeigen.

Dies gilt für das Kind, das sich in der Welt erstmals orientiert, wie auch für den Jugendlichen in der *Ablösung* und Identitätsfindung. Beim Pubertierenden verändert sich in einem wahrhaft revolutionären Prozeß der Körper und mit dem kraftvollen Auftreten sexueller Gefühle auch die Psyche. Das Selbstwertgefühl, die Einstellung zum eigenen Körper, zur eigenen Identität und die Beziehungen zum Mitmenschen, insbesondere zu den Eltern, werden von Grund auf neu gestaltet. So herrscht in und um den Jugendlichen wie auf einer Baustelle zeitweise ein Chaos, das aber anzeigt: „Hier wird gebaut", „hier entsteht etwas Neues". In der allmählich an Bedeutung zunehmenden Beziehung zur Realität wendet sich das Kind und später der Jugendliche nach außen und sucht vielfältige Reize. Diese Reizsuche kann oft drängend sein. Welchen Platz nehmen dabei Drogen ein? Sie sind verboten, angeblich gefährlich, versprechen aber neue Erfahrungen,

Veränderungen, vielleicht auch Vergessen und anderes mehr. Aus der Sicht des Erwachsenen nimmt der Jugendliche dabei zahlreiche Risiken in Kauf. Er tut dies aber in der Art und Weise, wie er gelernt hat, mit früheren Erfahrungen umzugehen. Neben der Verletzlichkeit besteht eine hohe Begeisterungsfähigkeit beim Jugendlichen, die ihn empfindlich macht, gleichzeitig aber auch empfänglich für Präsenz, Zuhören, Zuwendung und Lob.

Es ist für den Erwachsenen nicht immer leicht, mit der Dynamik Jugendlicher und Heranwachsender umzugehen. Der Jugendliche ist auf der einen Seite in starkem Maße fast egoistisch, kann sich als den Mittelpunkt der Welt betrachten, auf den sich das ganze Interesse konzentriert, und ist doch, wie kaum je im späteren Leben, opferfähig und zur Hingabe bereit. Er sucht leidenschaftliche Beziehungen, auch Liebesbeziehungen, und kann sie ebenso unvermittelt wieder abbrechen, wie er sie begonnen hat. Er wechselt begeistert zwischen Anschluß an eine Gemeinschaft und einem unüberwindlichen Hang nach Einsamkeit, unterwirft sich unter Umständen blind einem selbstgewählten Führer oder lehnt sich trotzig gegen alle und jede Autorität auf. Er ist eigennützig und sogar ausgesprochen materalistisch gesinnt und gleichzeitig wieder von hohem Idealismus erfüllt. Eine asketische Haltung kann mit plötzlichen Durchbrüchen von Triebbefriedigungen wechseln. Grobes und rücksichtsloses Verhalten gegen den Nächsten kontrastiert mit einer erheblichen Empfindlichkeit gegenüber Kränkungen. In der Stimmung zeigen sich Schwankungen von Weltschmerz zu leichtsinnigem Optimismus, von Enthusiasmus zu dumpfer Trägheit und Interesselosigkeit. Dieses wechselhafte und spannungsgeladene Erlebnisprofil impliziert für den Erwachsenen die Aufgabe, sich selber zu öffnen für Fragen auch der eigenen Ablösung, der eigenen Standortbestimmung und Zielbestimmung für den nächsten Lebensabschnitt. Hier wird ein konsequenter und toleranter Erziehungsstil, auch sich selber gegenüber, verlangt. Förderung von Kompetenz, von Selbstvertrauen und Sicherheit, der Aufbau guter Kommunikationsfähigkeit und letztlich die

Haltung eines kritischen Umganges mit Alkohol, Medikamenten und Drogen bedeutet für den Erwachsenen, der erziehend tätig ist, auch für sich selbst offen und lernfähig zu bleiben.

Wenn ein Jugendlicher Drogen nimmt, verändert sich über kurz oder lang sein Verhalten, sein Denken und Fühlen. Es ist oft nicht ganz einfach, diese Veränderungen von dem abzugrenzen, was zum normalen Spielfeld der Entwicklung, des Experimentierens und der Erfahrung von Grenzen gehört. So sind Stimmungsschwankungen innerhalb der Ablösung und der Identitätsfindung normal, so kann impulsives Verhalten grundlos von innen oder als Reaktion auf eine Enttäuschung auftreten oder Anzeichen einer Drogenwirkung oder auch einer Reaktion auf den Drogenkonsum sein. Hoher Geldbedarf ist allerdings immer ein alarmierendes Symptom, und das Stopfen von Geldlöchern der sicherste Weg, Drogen nachfließen zu lassen. Geld wird hier zum Synonym für Gift. Wenn der Geldnachschub ohne viel Rückfragen funktioniert, ist eine konsequente Unterstützung von Schritten, die zur Aufgabe eines Konsums oder sogar einer Abhängigkeit beitragen können, nicht mehr gewährleistet.

Wenn sich der Verdacht erhärtet, daß die Tochter oder der Sohn Drogen konsumieren, sollte dies angesprochen werden, und die Eltern oder Partner oder die ganze Familie sollten *offen* darüber sprechen. Die Taktik muß sein, vom Jugendlichen Beweise seiner Abstinenz zu fordern. Nicht die Mutter oder der Vater müssen den Beweis bringen, daß das Kind Drogen konsumiert, sondern umgekehrt soll der Jugendliche zeigen, daß er nicht abhängig ist. Nur so verliert er in Tat und Wahrheit seine „Unschuld". Und wenn es zum Gespräch über Drogen kommt: Nicht der Jugendliche sollte seinen Informationsvorsprung ausspielen und die Eltern von der Harmlosigkeit psychoaktiver Substanzen überzeugen wollen, vielmehr sollten die Eltern in der Lage sein, sachlich und ohne zu dramatisieren auf Gefahren hinzuweisen: auf Erkrankungen wie Depressionen, auf die Hepatitis, die HIV-Infektion, das Risiko des Verlustes wichtiger Bezugspersonen u.a.

So schwierig die Situation angesichts der Sorge um die Zukunft des Betroffenen sein mag, so wichtig ist es gleichzeitig für die Eltern und für die Geschwister, Distanz zum Problem des andern zu entwickeln, eigene Interessen, die eigene Arbeit und die eigene Entwicklung im Blick zu behalten. Nur wenn man sich selber Raum und Mittel erhält, Lebensenergie zu tanken und umzusetzen, kann man einem Kind helfen. Diese Abgrenzungsfähigkeit erleichtert es schließlich auch, Unterstützung durch Dritte einzuholen, Elternkreise oder Beratungsstellen aufzusuchen. Dieser Schritt nach außen gibt Sicherheit, ein aktives Vorgehen einzuschlagen, die Situation nicht zu vertuschen oder zu verheimlichen, sondern zu klären.

Die hier angesprochene Erziehung wird auch als affektive Erziehung bezeichnet. Sie zielt darauf ab, besonders die emotionale Entwicklung günstig zu beeinflussen, d.h. insbesondere die Selbsteinschätzung sowie intra- und interpersonale Fähigkeiten zu verbessern. Affektive Erziehung gründet auf der Annahme, daß Fähigkeiten im kognitiv-emotionalen Bereich sowohl lehr- als auch lernbar sind, und zwar aufgrund von unbewußten Entwicklungen als auch von bewußt eingesetzten Mitteln.

VIII. Drogenpolitik

Die Zahlen über beschlagnahmte Drogen, die amtlichen Statistiken über Drogendelikte, die Resultate epidemiologischer Erhebungen kennzeichnen eine beängstigende Situation. Politiker und Parteien sind gespalten, sie argumentieren nicht selten widersprüchlich und an Tageserfordernissen orientiert, das Ergebnis ist nicht selten kontraproduktiv. Die offizielle Drogenpolitik in den meisten europäischen Ländern beruht auf der Doppelstrategie der Strafverfolgung bzw. Repression und der Aufklärung als *einer* Modalität der Prävention. Oberstes Ziel und Handlungsprinzip ist die Drogenabstinenz. Drogen sollen – wenigstens aus den Augen der Öffentlichkeit – verschwinden. Die Frage, ob und wieweit diese Politik erfolgreich war, läßt sich schwer beantworten. Dieser Politik nur Versagen zu attestieren, ist ebenso falsch wie das rigide Bestreben, die einmal eingeschlagene Doppelstrategie um jeden Preis und unreflektiert weiterzuführen und durchzusetzen.

Es gibt in allen Kulturen Gebote und Verbote und Mittel und Wege, diese zu befolgen und zu umgehen. Die Androhung der Strafverfolgung, dieser „generalpräventive" Aspekt der Drogenpolitik, hat überall da seine Wirkung, wo noch ein minimales Rechtsbewußtsein vorhanden ist oder wo Handlungsmaximen praktisch wirksam durchgesetzt werden können. Bei nahezu allen Zeitgenossen, die keine Drogen benützen, sei es aus Desinteresse oder aus Ablehnung, findet sich die Meinung, Drogen seien verboten, weil sie „gefährlich" sind und daß es deshalb gut sei, dieses Verbot aufrechtzuerhalten. Alle jene, die Drogenerfahrungen machen und feststellen, daß sie nichts Besonderes, allenfalls Angenehmes tun und selten besonders beeindruckende Erfahrungen sammeln, kommen zur Schlußfolgerung, daß Drogen nicht a priori gefährlich sind. Sie erleben, im Widerspruch zu ihrer subjektiven Erfahrung, daß rechtliche Konsequenzen existieren, indem sie strafrechtlichen Sanktionen, tatsächlich oder vermeintlich, ausgesetzt sind.

Das Bewußtsein oder die Erfahrung der Kriminalisierung kann sie – in einem unbekannt hohen Ausmaß – vor weiteren Konsumereignissen schützen oder im Gegenteil paradoxerweise in solche verwickeln. Weil es in der Strafverfolgung keine klare Trennung zwischen Dealern und Drogenhändlern auf der einen Seite und Drogenkonsumenten bzw. Drogenabhängigen auf der anderen Seite gibt, läuft die repressive Strategie Gefahr, Drogenkonsumenten und -abhängige zu kriminalisieren. Der Gesetzgeber will die Erreichbarkeit von Drogen einschränken, also den Erwerb und die Weitergabe von Drogen strafen. Die jetzige Praxis läuft auf eine Bestrafung nicht nur des Handels, sondern vor allem des Konsumenten und des Abhängigen hinaus. Zwar wurde mit dem Prinzip „Therapie statt Strafe" versucht, der Praxis eine andere Stoßrichtung zu geben. Zweifellos haben Drogenabhängige in den vergangenen Jahren von dieser Strategie profitieren können. Andererseits werden Zehntausende von Drogenkonsumenten durch die Androhung von Strafen nicht abgeschreckt, sondern im Gegenteil – entsprechend den gegebenen Gesetzesvorlagen – strafrechtlich erfaßt und kriminalisiert. So manche Drogenkarriere und kriminelle Karriere hat hier ihren Anfang oder ihre Fortsetzung gefunden. Das Abgleiten in die soziale Devianz, die nachfolgende Identifikation mit der Stigmatisierung sind kaum je integrationsfördernd, sondern unterstützen die Randgruppenpositionierung. Ein Ziel einer modernen Drogenpolitik wäre also eine *Entpönalisierung*. Ob dazu eine Änderung gesetzlicher Voraussetzungen nötig ist, ist zu prüfen. Bereits heute wäre überzeugend durchzusetzen, den Strafrechts- und den Strafverfolgungsorganen einen Ermessensspielraum bei der Verfolgung von Drogenbesitzern zu lassen. Die Nichtverfolgung einer strafrechtlichen Untersuchung, das Einstellen des Verfahrens bzw. allenfalls die Verwarnung oder das Weiterweisen an eine Beratungsinstitution bei Vorliegen eines vom Umfang her geringfügigen Deliktes zur Sicherstellung des Eigenkonsums und die Möglichkeit der Strafminderung sind Handlungsspielräume, die zu definieren und zu nutzen sind.

Weiterführende Literatur

Arnold, W., Poser, W. E., Möller, M. R. (Hrsg.): *Suchtkrankheiten. Reihe Suchtproblematik,* Springer Verlag Berlin Heidelberg 1988.

Feuerlein, W., Bühringer, G., Wille, R. (Hrsg.): *Therapieverläufe bei Drogenabhängigen. Reihe Suchtproblematik,* Springer Verlag Berlin Heidelberg 1989.

Feuerlein, W. (Hrsg.): *Theorie der Sucht. Reihe Suchtproblematik,* Springer Verlag Berlin Heidelberg 1986.

Keup, W. (Hrsg.): *Biologie der Sucht. Reihe Suchtproblematik,* Springer Verlag Berlin Heidelberg 1985.

Völger, G. und v. Welck, K.: *Rausch und Realität. Drogen im Kulturvergleich,* Rowohlt, Reinbek bei Hamburg 1981.

DHS-Deutsche Hauptstelle gegen Suchtgefahren (Hrsg.): *Jahrbuch zur Frage der Suchtgefahren,* Neuland Verlag, Hamburg 1987 ff.

DHS-Deutsche Hauptstelle gegen Suchtgefahren (Hrsg.): *Jahrbuch Sucht,* Neuland Verlag, Hamburg 1994 ff.

NIDA Research, Monograph Series National Institute on Drug Abuse, Nr. 1–70 (1975–1986); Nr. 71–132 (1987–1994), Rockville, MD 20857.

Adressen für weitere Informationen

Deutschland:

Informationstelefon der Bundeszentrale für gesundheitliche Aufklärung
51 101 Köln, Ostmerheimerstr. 200, Tel.: 02 21/89 20 31, tägl. v. 10–22 Uhr

Deutsche Hauptstelle gegen die Suchtgefahren (DHS)
59 065 Hamm, Westring 2, Tel.: 023 81/9 01 50

Schweiz:

Informationsstelle Drogen – Bundesbereich
Bundesamt für Gesundheitswesen, Heßstr. 27 E
3097 Liebefeld-Bern, Tel.: 031/9 70 87 15

Österreich:

Koordinationsstelle für Suchtfragen
Ministerium für Gesundheit, Sport und Konsumentenschutz
Radetzkystr. 2, 1030 Wien, Tel.: 01/7 11 72

Sozialservice des Bundesministeriums für Arbeit und Soziales
Geigergasse 5–9, 1050 Wien, Tel.: 01/5 44 15 97–319

Register

Buchanzeigen

Lebenspraxis – Gesundheit – Psychologie

Rainer Balloff
Kinder vor Gericht

Opfer, Täter, Zeugen
1992. 248 Seiten. Paperback
(Beck'sche Reihe Band 495)

Beate Besten
Sexueller Mißbrauch und wie man Kinder davor schützt

3., neubearbeitete Auflage. 1995. 136 Seiten. Paperback
(Beck'sche Reihe Band 445)

Barbara Bondy
Was ist Schizophrenie?

Ursachen, Verlauf, Behandlung
1994. 113 Seiten. Paperback
(Beck'sche Reihe Band 1077)

Christiane Grefe
Rühr mich nicht an

Wenn Kinder mit chronischen Hautkrankheiten leben müssen
1991. 111 Seiten. Paperback
(Beck'sche Reihe Band 442)

Carlotta Greif
Philipp, 9 Jahre, Unfallopfer

1994. 165 Seiten. Paperback
(Beck'sche Reihe Band 1087)

Jutta Hartmann
Lautlos und unbemerkt

Der plötzliche Kindstod
1990. 91 Seiten. Paperback
(Beck'sche Reihe Band 407)

Verlag C.H. Beck München

Lebenspraxis – Gesundheit – Psychologie

Jutta Hartmann
Zappelphilipp, Störenfried

Hyperaktive Kinder und ihre Therapie
Mit einem Nachwort von Prof. Dr. Reinhard Lempp.
5., unveränderte Auflage. 1994. 124 Seiten. Paperback
(Beck'sche Reihe Band 333)

Christoph Kraiker/Burkhard Peter (Hrsg.)
Psychotherapieführer

Wege zur seelischen Gesundheit
4., unveränderte Auflage. 1994. 320 Seiten. Paperback
(Beck'sche Reihe Band 338)

Jürgen Krug
Das Autogene Training

Wie man Entspannung, Ruhe, Gesundheit gewinnt
1991. 138 Seiten. Paperback
(Beck'sche Reihe Band 429)

Ludwig Reiners
Sorgenfibel

oder Über die Kunst, durch Einsicht und Übung
seiner Sorgen Meister zu werden
112. Tausend. 1992. 141 Seiten. Paperback
(Beck'sche Reihe Band 354)

John A. Schindler
Die Heilkraft des seelischen Gleichgewichts

Ein ärztlicher Ratgeber für Gesunde und Kranke
46. Tausend. 1986. 197 Seiten. Leinen

Ursula Schneider-Wohlfart/Georg Otto Wack (Hrsg.)
Entspannt sein – Energie haben

Achtzehn Methoden der Körpererfahrung
1993. 238 Seiten. Paperback
(Beck'sche Reihe Band 1029)

Verlag C.H. Beck München